サイエンス・マネジメント

SCIENCE MANAGEMENT

最強「営業組織」をつくる

長瀬勝俊
Nagase Katsutoshi

ぱる出版

まえがき

◆間違いだらけの営業マネジメント

「オレの時代は○○するのが当たり前だった」

「おまえにはセンスがないから受注が取れないんだ」

「オレは結果主義だから、とにかく結果を見せてくれ」

「私は部下に自由にやらせている。どんな営業をするかは君次第だ」


営業現場では、〝根性営業〟や〝感覚的営業〟などのセンスや精神論に依存する属人的な営業や、マネジメントを放棄した〝無責任マネジメント〟が横行しています。

しかし、各企業ではコンプライアンスが叫ばれ、社員の働き方改革も進められている中、根性やセンスだけでは商品を安定して売ることができません。

また営業プレイヤーに気合いを入れるだけでは結果は出ませんし、ましてや〝結果主義〟という名の無責任なマネジメントでは、結果を見るまでわからず、属人性に左右されてしまいます。

時代の流れに応じて社会が変化しているように、営業もまた、変化していかなければなりません。

そこで必要なのが「営業の標準化」です。営業の標準化とは、営業プレイヤーの手法やツールだけでなく、マネジメントそのものを標準化し、再現性のある状態にすることです。

これからの営業マネジャーの仕事はまさに、標準化が土台となります。その標準化とは「営業の標準化」であり、「営業資料・ツールの標準化」と「マネジメントの標準化」がその中には含まれています（本書の第4章で詳しく解説しています）。

営業を標準化することによって、一部のトップ営業プレイヤーに頼ることなく、全社的に安定した成績を維持することができるのです。

ところが、私がコンサルティングで関わらせていただいている多くの会社では、

営業の標準化

マネジメントの標準化	営業資料・ツールの標準化
営業プロセス	スクリプト
営業施策・手法	提案書
マネジメントポイント	興味喚起資料
SFA	チラシ・メールDM
プロセスマネジメント ・各プロセス指標 ・目標設定	ネガティブ反応への対応
セールスレビュー	FAQ
会議体・朝礼	⋮
ロールプレイング	
日報・週報	
業務ルール・各種ルール	
⋮	

9割の営業マネジャーが「営業の標準化」をしていない、または誤解をしています。

その要因としては、営業プレイヤーとして過去の実績を出した人が営業マネジャーになり、「営業マネジメント」を学ぶことなく、自らの〝過去の勝ちパターン〟を基準にマネジメントしていることにあります。

冒頭のセリフにもあるように、「オレにもできたのだから、おまえもできるはず」「オレのやり方をすれば、結果がついてくるはず」などと思い込んでしまっているのです。

このような考え方は間違っています。なぜなら人はそれぞれ異なっており、時代もマーケットも変わっているからです。

時代の変遷とともに、最近では働き方改革などで、営業標準化による効率化が注目されはじめていますが、「マニュアル」や「型」を作って終わりとなっており、本来の「営業の標準化」が進んでいません。だからこそ、運用されない標準化ではなく真の標準化を進める必要があります。

自己犠牲・根性論・センスで成果をあげるのがまかり通っていたのは過去のことです。ＩＴ化が進み、システムがオートメーション化され、働き方改革や時短勤務が浸透しつつある現代では、通用しないか長続きしません。

そこに、本質的な「営業の標準化」を進めるべき理由があります。

◆営業成績を安定させるなら、ホームランバッターよりアベレージヒッターを育てるほうがいい

有名な高級料理店では、「秘伝のレシピ」に従って、プロの料理人がおいしい料

理を作ります。

もしあなたが、そのレシピを手に入れて、同じように料理を作ったらどうなるでしょうか？　まったく同じ料理はできないかもしれませんが、それなりに高級料理店の味が出せるはずです。

これを営業に平行移動したのが「営業の標準化」です。

高級料亭の料理人をたくさん作ることはできません。同じように、大型契約をガンガン取ってくる「ホームランバッター」を一朝一夕に育てることはできないでしょう。

しかし、大きな契約をまとめることは少ないけれど安定して契約を取ってくる人、つまり「アベレージヒッター」を作り出すことは難しくありません。

通常は、長い時間をかけて営業プレイヤーを育てていきます。そこに「個々のセンス」や「経験の蓄積」といった要素があることは否定しません。

しかし、トップパフォーマーの「営業成績アップのレシピ」を使い、営業マネジャーがしっかりと定量的・定性的にマネジメントすることによって、今まで50点の成績しか取れなかったダメ営業プレイヤーを80点の営業プレイヤーにすることはできるのです。

さらに言うと、営業プレイヤーの「ボトムアップ」を継続的に行っていくことで、チーム自体も強くしていくことができます。もしあなたが、そんな強いチームを作りたいのなら、本書を読み進めてください。

この本は、次のような課題を感じている人に最適です。

1. 社員の営業スキルが低いので成績が伸びないと感じている
2. 営業実績や活動量に個人差があり、その差が大きい
3. 優秀な社員が入社しても辞めてしまう。または、成果が出ない
4. 商品力や技術力には自信があるが、営業成績が伸び悩んでいる
5. 営業マネジャーによりチームの実績にバラつきがある
6. 営業マネジャーの負担が多く、管理中心のマネジメントをしている

もしひとつでも当てはまることがあれば、本書がお役に立てるはずです。

あなたの会社で継続して安定した成果をあげる「営業の標準化」、特に「マネジ

メントの標準化」がヒットを量産するチームを作り上げます。

これらを踏まえた再現性のある（＝科学的な）方法を、本書では「サイエンス・マネジメント」と呼んでいます。具体的には、マネジメントポイント（各プロセスにおける定量的・定性的なチェックポイントのこと）を設定し、マネジメントの標準化を含む適切な「営業の標準化」をすることで、再現性のある営業マネジメントが実現できます。

そのエッセンスを本書に盛り込みました。さっそく、その具体的な内容について見ていきましょう。

企画協力▼株式会社天才工場 吉田浩
カバーデザイン▼EBranch 冨澤 崇
図版作成▼原 一孝
レイアウト▼Bird's Eye

サイエンス・マネジメント

【最強「営業組織」をつくる】

もくじ

第1章 なぜ成果を出せないのか?

～営業現場に蔓延する間違ったマネジメント

第2章 間違いだらけのマネジメント認識
～間違いを正すための正しい営業用語を理解する

第3章 サイエンス・マネジメントの手法
～営業マネジャーがやるべき9つのステップ

第4章 サイエンス・マネジメントの実践
～再現性のある「営業の標準化」が会社を救う

第5章 サイエンス・マネジメントの実践例

～営業現場が劇的に変わった！

第6章 営業の現場が変わる！
～サイエンス・マネジメントが会社の未来を拓く

第1章

なぜ成果を出せないのか？

営業現場に蔓延する間違ったマネジメント

1 成果を出せない営業マネジャーにともなう7つの問題

第1章では、「成果が出せない営業マネジャーにともなう7つの問題」と題し、既存の営業現場における問題点について見ていきましょう。それぞれの問題点を把握することで、営業現場における営業マネジャーの課題が見えてくるはずです。

◆問題① 指示・命令が曖昧

1つ目は、「指示・命令が曖昧」という問題です。

そもそも営業マネジャーの仕事は、経営層のビジョン、目標を実現させるために現場にある阻害要因を取り除き、適切な形で目標達成に導くことです。

正確な用語の定義は第2章で紹介していますが、阻害要因とは、売上、利益、契約または、営業活動に付帯する業務に対する障害のこと。また営業の標準化とは、営業資料の使い方や面談プロセスなど、営業プレイヤーの営業活動を一定水準以上に保つために標準化することを指します。

そのような前提を踏まえた上で、本来は、営業マネジャーとして行うべき明確な指示・命令をしなければなりません。

しかし、コンサルタントとして現場をチェックしてみると、そのような指示・命令はできていません。むしろ、各営業マネジャーの経験や考え方をベースとした、曖昧で場当たり的な指示・命令が横行しています。

例えば、「とりあえず400万やってこい！」といった数字だけの曖昧な指示・命令は現場でよく見られます。あるいは「ちょっと資料作っといて」「とりあえずまとめておいて」などの指示・命令も同様です。

それらには、「なんのために」「いつまでに」「どのように」「どのような流れで」といった具体的な内容が含まれていません。そのため具体的なやり方については各営業プレイヤーに委ねられることとなり、行動や結果も属人的なものとなってしまいます。

中には、「自分は具体的な指示・命令をしているつもりだ」と自覚しているだけの営業マネジャーもいますが、そのような人が上司だと、部下がもたらす成果にはバラつきが生じてしまうでしょう。

それでは、営業マネジャーによる適切に標準化されたマネジメントはできません。営業マネジャーのやるべき仕事、つまり営業活動にともなう阻害要因を排除し、適切な形で目標達成ができないのです。

営業マネジャーは、曖昧な指示・命令ではなく、明確で具体的な指示・命令をすることが求められます。その前提として、営業の標準化が必要です。

◆問題② 合意形成がないまま目標を押し付けてしまう

2つ目は、「合意形成がないまま目標を押し付けてしまう」という問題です。

本書を通底するテーマである「サイエンス・マネジメント」では、特に営業マネジャーと営業プレイヤーとの間において、きちんと合意形成できているかどうかがポイントとなります。

この場合の合意形成とは、営業マネジャーと営業プレイヤーで話し合いを行い、双方が合意できている状態を指します。合意形成ができてはじめて、お互いに納得して仕事を進めることができるようになります。

しかし、そのような合意形成ができていないまま、「売上10億」「利益3億」などの全社的、あるいは部署ごとの数値目標をもとに、数字だけ押し付けているケースが多いです。「とりあえず400万やってこい！」などの指示はその典型例でしょう。

ただそれでは、理解と納得をベースに仕事を進めることができません。営業マネジャーとしては「とにかくやれ！」と指示することしかできず、また現場の営業プレイヤーとしては「とりあえずやるしかないか……」となってしまうのです。

だからこそ、正しい営業活動を行うには、営業マネジャーと営業プレイヤーの間できちんと合意形成をすることが不可欠となります。目標を押し付けるのではなく、合意形成を経て、達成するべきプロセス目標を認識させることが求められます。

ちなみに、この合意形成という概念は、営業活動のさまざまなシーンで意識しておかなければなりません。例えば営業プレイヤーの活動では、アプローチ段階からヒアリング、提案、クロージングなど、すべての段階でお客様と合意形成をしなければなりません。

また営業マネジャーの仕事としても、課題および課題に対する対応策、進め方、活動方針、目標達成に対する活動計画に至るまで、「上司（営業マネジャー）」と「部下（各営業プレイヤー）」との合意形成が連続的に行われています。

このように合意形成は、営業活動の肝なのです。

問題は、現場の営業マネジャーが「俺は部下をちゃんとマネジメントしているよ」と言いながら、部下からすると「押し付けられているだけです……」といったケースが多いこと。押し付けるのではなく、コミュニケーションの中で合意することが大切です。

その前提として、「どのような目的で」「どのような用途で」「どのような意図で」といった情報を共有しながら、ある程度、成果（物）が想像できるような指示・命令をしなければなりません。

やはり「なぜ400万円なのか？」「どのように400万円という売上を作っていくのか」という疑問、不安、不満を解消し、合意形成するためには、営業の標準化やマネジメントの標準化が不可欠なのです。

◆問題③ 進捗管理が徹底できていない・プロセスマネジメントが曖昧

3つ目は、「進捗管理が徹底できていない・プロセスマネジメントが曖昧」という問題です。

仕事の進捗を管理することは、管理者である営業マネジャーの務めです。営業に関しても、各営業プレイヤーの活動がどのような進捗になっているのかを知り、状況を踏まえて、正しく指導しなければなりません。

進捗管理が徹底できていないと、それぞれの営業プレイヤーが正しいプロセスに則って営業活動をしているかどうかチェックできず、また計画通りに物事が進んでいるかどうかも確認できません。それでは、正しいマネジメントはできないでしょう。

特に問題なのが、進捗状況やプロセスに応じた適切な指示・命令、アドバイスができていないことです。営業活動には、アプローチからクロージングまでのプロセスがあります。そのプロセスを定量的・定性的にマネジメントするのが、プロセスマネジメントです。

プロセスマネジメントは、営業マネジャーの重要な仕事です。しかし、プロセスマネジメントができていないばかりか、営業マネジャーが営業プロセスそのものをきちんと把握できていないケースも少なくありません。

プロセスマネジメントが曖昧だと、現場の営業プレイヤーは、自らの行動が正しいかどうか見直せません。そのため、営業成績にバラつきが生じることになり、属人的な営業活動が蔓延するだけでなく、間違った行動を是正する機会も失われてしまいます。

まえがきで紹介したような〝根性営業〟や〝感覚的営業〟というのは、まさにそのような営業マネジャーがいる組織で行われています。まさに、センスや精神論に依存するマネジメントや、定量的・定性的なプロセスマネジメントを放棄した結果マネジメント、放任マネジメントは、〝無責任マネジメント〟そのものです。

また、「プロセスマネジメントならやっているよ！」という営業マネジャーもいますが、蓋を開けてみると、プロセスマネジメントではなく単なる〝各プロセスの数値管理〟であるケースが大半です。

詳しくは後の章でも解説していますが、プロセスマネジメントは、売上や利益といった結果だけでなく、プロセス（過程）を重要視したマネジメントのことです。あくまでも定量的・定性的にプロセスをマネジメントしていく手法となります。

そのため、マネジメントにおける基準は明確にし、かつ、数値の見方や指導方法も曖昧にならないように注意しなければなりません。

営業におけるプロセスマネジメントは、各プロセスにおける問題発見のために行うのですが、進捗管理をするだけ、「なぜできないんだ！」「遅れているぞ！」と叱咤するだけで、阻害要因を取り除けていない営業マネジャーも多いです。

本来の営業マネジメントは、進捗管理を〝徹底〟することに加えて、明確な営業プロセス管理と併せて行う必要があります。

◆問題④　営業現場の阻害要因を特定できていない

４つ目は、「営業現場の阻害要因を特定できていない」という問題です。

営業マネジャーの仕事は、現場にある阻害要因を取り除き、適切な形で営業の標準化を実現することだと述べました。しかし、現場にいる営業マネジャーの大半は、部下の阻害要因を取り除くことができていません。

その原因は、営業マネジャー自身が、営業の阻害要因を把握・特定できていないことにあります。

営業の阻害要因を取り除くためには、営業プロセス全体のうち、どのような場面で、どのような阻害要因が生じているのかを把握・特定しなければなりません。

あらためて紹介しておくと、営業の阻害要因とは、売上、利益、契約、または営業活動に対する障害のことであり、各プロセスに潜んでいます。

例えば、煩雑なシステムや二重入力など活動の〝量〟を落とすものや、トークスクリプトや顧客に対するネガティブな反応に対する応対の不備といった〝質〟を落とすものもあります。

このような阻害要因を取り除いていくことが、営業活動の本質です。

ただ、どのような場面でどのような阻害要因が生じているのかを理解している営業マネジャーは少なく、結果的に営業プレイヤーの阻害要因を特定できていません。それでは、阻害要因を取り除けないまま放置されてしまうのも無理はないでしょう。


特に、営業マネジャーが正しい営業プロセスを理解していなかったり、報告や連絡を定期的に受けられる体制が整っていなかったりすると、いつまで経っても阻害要因は把握、特定、除去されないままとなってしまいます。

営業活動に伴う阻害要因を特定し、それを適切に排除して目標達成に導いてあげることが、営業マネジャーの仕事です。それができていなければ「自社の商品・サービスを用いて、顧客のニーズを満たし、自社に利益をもたらす」という、営業プレイヤーが担うべき本来の業務はできません。

そして、その自覚がない営業マネジャーは非常に多いのが実情です。このことについては、後の章でもくり返し言及していきます。

◆問題⑤　問題の処理が遅い

5つ目は、「問題の処理が遅い（できていない）」という問題です。

営業マネジャーが正しい営業プロセスを理解しておらず、進捗管理やプロセスマネジメントができていなければ、指示・命令が曖昧になるのも無理はありません。加えて、何らかの問題が生じた場合の初動にも影響が及んできます。

すべての営業活動は、阻害要因を排除することによってスムーズに進んでいきます。また、予想される阻害要因だけでなく、予想外の問題が生じたことによって営業活動が滞り、成果が出せないということもあるでしょう。

営業の阻害要因は、各プロセスに潜んでいます。例えば、煩雑なシステムや二重入力などの活動量を落とすものもひとつの阻害要因です。

加えて、営業活動の「質」を落とす間違った指示・命令や、営業活動の「量」を落とす曖昧な現場ルールなども阻害要因に含まれます。さらに、営業プレイヤーに迷いや悩みが生じてしまう「活動が停滞するようなトラブル」なども、できるだけ早期に処理しなければなりません。

そのような問題が生じたとき、営業マネジャーが適切に問題を処理していれば、営業プレイヤーは安心して営業活動を行えます。「事後処理については任せておけ」「稟議は通しておいたから心配するな」など、陰ながらサポートしてくれる上司の存在はやはり大きいです。


一方で、営業マネジャーが現場で発生した問題に注意を払っておらず、場合によっては自らの事務作業に追われているなどのケースでは、営業プレイヤーが安心して任務を遂行できません。迷いや悩みがある状態は、営業プレイヤーの動きを止めてしまいます。

それぞれの営業プレイヤーが迷いや悩みを抱くことなく行動できていれば、活動量が上がり、成果は自然ともたらされます。行動の質・量ともに問題なく実行されているのなら、それで成果が出ない以上、問題はそもそもの戦略にあるとわかるでしょう。

そのときにはじめて、商品やサービス内容を含めた会社の戦略を再検討すればいいいのです。少なくとも、現場の営業プレイヤーに問題がないのは明らかです。

そうした経緯を経ることなく「営業プレイヤーのスキルが低い」と嘆いていたり、あるいは問題の処理が遅い（できていない）という事実を無視したまま「気合いで数字を上げてこい！」などと指示したりしているようでは、成果を出せる営業マネジャーにはなれないでしょう。

◆問題⑥ 営業プレイヤー（部下）に具体的な指導ができていない

6つ目は、「営業プレイヤー（部下）に具体的な指導ができていない」という問題です。

営業マネジャーの部下は、現場の営業プレイヤーです。その営業プレイヤーに具体的な指導ができていなければ、結果を出せていない営業プレイヤーはいつまで経っても変われません。そのため、属人的な営業活動が継続されていくことになります。

「やり方は任せている。自由に伸び伸びとやらせるのが私のマネジメントだ」「我社は結果主義の会社である」などと言う人もいますが、それでは自らの職務を放棄していると思われても仕方ありません。営業プレイヤーをマネジメントすることが、営業マネジャーの責務だからです。

もちろん、放任主義で優秀な成績をあげられることもあるでしょう。

元プロ野球監督の故・野村克也氏の座右の銘に「勝ちに不思議な勝ちあり。負けに不思議な負けなし」というものがあります。

営業マネジメントも同じです。放任主義で優秀な成績が一定時期あったとしても、そこには正しい手法や理論に基づいた再現性のあるマネジメント手法が存在しません。そのため、再現性がなく部下やエリアが変わった場合に成績が不安定になります。

また、結果主義ということで営業プロセスを営業プレイヤー任せにしているケースも多いのですが、それでは最後まで結果がわからず、先手を打つことができません。それでは、無責任なマネジメントと言わざるを得ません。

加えて、「実績が出ている営業プレイヤーには自由にやらせている」という営業マネジャーもまた、無責任と言えます。その理由としては、次のようなものが挙げられます。

①実績が、現在の担当している顧客やマーケットに対して妥当か否かがわからないので、正当な評価ができない（場合によっては、もっと売上をあげられる場合もある）

②良い動き方、望ましい資料の使い方をしているのであれば、その手法を標準化して展開するべき

中には、「実績を出している営業プレイヤーを無理やりマネジメントして、モチベーションを落としたくない」と考えている営業マネジャーもいるでしょう。その気持ちはわかります。

しかし、マネジメントは必ずしも細かい指図をすることではありません。営業プレイヤーのスキルや成績、性格なども踏まえた上で指示・命令の意図を伝えることが大事です。

いずれにしても、各プロセスを把握する必要性および責任は営業マネジャーにあ

ることを忘れてはなりません。プロセスマネジメントを通して、営業プレイヤーに具体的な指導ができなければ、現場は変わらないのです。

◆問題⑦ 部下の営業スキルに責任を転嫁している

7つ目は、「部下の営業スキルに責任を転嫁している」という問題です。

「うちの営業プレイヤーはスキルが低くて……」「もっと優秀な営業プレイヤーがたくさんいればいいのですが……」。コンサルタントとして現場でヒアリングをしていると、営業マネジャーから、そのように嘆かれることがあります。

確かに、営業成績は各営業プレイヤーの働きによって左右されます。それぞれの営業プレイヤーがきちんと働いてくれなければ、全社一丸となって結果を出すことはできません。大きな組織になればなるほど、その影響は大きいでしょう。

ただ一方で、「何のために営業マネジャーが存在しているのか」を忘れてはいけません。営業マネジャーのミッションは、目標達成に向けて、営業活動および付帯する事務作業に対する阻害要因を、優先順位をつけて取り除いていくことです。

阻害要因を排除することによって、現場の営業プレイヤーはのびのびと働けるようになります。指示・命令の内容を迷うことなく実行し、結果を出すための行動を継続できるのです。それこそ、目標達成に向けた組織のあるべき姿でしょう。

しかし、営業マネジャーが自らのマネジメントスキルを省みることなく、結果が出ない理由を「うちの営業プレイヤーは営業スキルが低いから……」などと責任転嫁していると、状況はいつまで経っても改善しません。

営業マネジャーが変わらなければ、営業部全体の成績は向上しません。そこに気づいていない組織は、お互いに責任をなすりつけ合うだけの、非生産的な活動に終止することとなってしまいます。

そもそもの問題は、営業マネジャーが各営業プレイヤーと合意形成していないことにあります。事前に合意形成していれば「以前、話したときは納得していたはずだよね？　何かあったの？」と、合意した内容を相手に思い出させ、履行させることも、さらなる問題の特定することもできます。

しかし、事前に合意形成していなければ、「できませんでした」と言われたときに「根性が足りないからそうなるんだ！」「次はもっとがんばれ！」などと、抽象的な根性論でしか指導できなくなってしまいます。

そし、最終的には「うちの営業プレイヤーはスキルが低い」という、営業スキルへの責任転嫁が生じていくわけです。そこに、問題の根幹があります。

2 営業プレイヤーの成果はすべて営業マネジャーの責任である

以上のような問題は、あらゆる営業組織で起きています。そしてその大半は、営業マネジャーに原因があります。

少なくともこれら7つの問題は、現場の営業プレイヤーではなく、すべて営業マネジャーの行動に起因していると言っても過言ではありません。営業マネジャーは自らの責任として、こうした問題を解決するべく行動を改める必要があります。

まずは、「営業プレイヤーの成果はすべて営業マネジャーの責任である」という自覚を持つこと。そうした心構えを持つことがファーストステップとなります。

現場の営業プレイヤーが、合意形成した計画に沿って適切な営業活動を実行したのなら、営業プレイヤーの責任はそのプロセスを実行するまで。最終的な結果責任は、〝やり方〟と〝やる量〟に対して「これなら目標達成できる」と判断した営業マネジャーが負うべきです。

考えてみれば当然です。司令官が「このようなやり方で行動してもらいたい」と指示を出し、各隊員がミッションを遂行したのなら、作戦全体の責任は司令官が負うこととなります。営業マネジャーも同様です。

それにもかかわらず、営業マネジャーが現場の営業プレイヤーに責任をなすりつけていたり、商品やサービスのせいにしたりしていると、根本的な問題解決がなされないまま、時間だけが過ぎてしまうこととなります。

おおむね営業コンサルタントに依頼する企業というのは、個別の状況は異なっているものの、このような問題を抱えているものです。だからこそ、まずは営業マネジャーが、あるいは経営層が、自らの意識と認識を変えていかなければなりません。

すべては、より良い営業組織を作るためです。

「使用しているツールが悪いから結果が出ないのだろう」「社員のトレーニング不足に原因がある」などと、問題の本質から目を逸らすのは簡単です。しかしそれは、営業成績を底上げするための組織改革にはつながりません。

必要なのは、営業マネジャーが自らの責任を自覚し、「営業プレイヤーの成果はすべて営業マネジャーの意識と行動に起因している」と理解しつつ、現状に立ち向かっていくことではないでしょうか。

その先にこそ、正しい営業マネジメントへと至る道筋があるのです。

3 営業マネジャーは阻害要因を排除せよ

営業マネジャーが、営業プレイヤーにできる最大の貢献は「阻害要因の排除」にあります。すべての営業プレイヤーは、それぞれが抱えている阻害要因を排除してあげることによって、これまでよりも高い結果を出すことができます。

その裏側には、営業プレイヤーに対する信頼がなければなりません。信頼がなければ「どうせあいつらはダメだから」「どんな指導をしてもムダだ」などと考えてしまい、結果的に管理・育成にも身が入らなくなってしまいます。

そうではなく、自らのマネジメントによって営業プレイヤーおよび営業組織が変わるのだと信じることが大切です。信じた上で適切な行動をとる。その行動とは、必要に応じて阻害要因を排除してあげることに他なりません。

具体的には「現状、どのようなプロセスで営業活動をしているのか?」「目標に対してどのくらい距離があるのか?」「結果はどのように推移しているのか?」などをヒアリングし、その上で「何が阻害要因になっているのか?」を一緒に考えていきます。

阻害要因が、自ら改善できることであれば、そのために必要なアドバイスをします。やらない仕事を決めるのはまさに、やるべき仕事にフォーカスするための土台となるアドバイスと言えるでしょう。

もし、阻害要因が本人ではなく他人や環境にあるとしたら、営業マネジャーのできる範囲で、その阻害要因を排除するべく行動をとるべきです。現状、営業に集中できない環境があるとすれば、環境を整え、集中できるようにする必要があるでしょう。

やれるはずの目標を、営業プレイヤーが「できない」と言ってしまうのは、営業マネジャーが必要な阻害要因の排除を十分にできていないと考えるべきです。そうすれば、「なぜできないんだ！」という感情的な反応をしなくて済みます。

一方で、営業マネジャーが阻害要因を排除するべきという認識がなければ、現象としての結果だけを見て、感情的に注意することしかできなくなってしまいます。それは「行動していない」→「いいからやれ！」という短絡的な発想です。

しかし、行動できない理由を冷静に掘り下げてみると、大抵は〝できない理由〟があるとわかります。例えば、時間通りに資料が作成できなかったのは、アップデートで一定時間パソコンを使うことができなかっただけなのかもしれません。

いずれにしても、現象だけを見て頭ごなしに注意したり命令したりする営業マネジャーは「木を見て森を見ず」といったように、物事の本質を見落としています。

それでは阻害要因を排除することはできません。

そのような対応をとるのではなく、何が営業プレイヤーの阻害要因になっているのかを冷静に見極め、それを排除することが結果につながるのだと認識するべきです。それもまた、営業マネジャーとしての度量と言えます。

もちろん、人と人とがビジネスをしている以上、感情的になりやすいシーンはたくさんあります。しかし営業マネジャーは、そのようなときでも冷静に対応し、徹底的に、阻害要因を排除することが求められます。

できない社員を見放してしまうのではなく、また放置するのでもなく、信頼し、阻害要因を排除できる人こそ、一流の営業マネジャーと言えるのではないでしょうか。

第2章

間違いだらけのマネジメント認識

間違いを正すための正しい営業用語を理解する

第2章では、営業成績を向上させるために必要な「営業の標準化」「マネジメントの標準化」を含む、サイエンス・マネジメントの基礎用語について解説していきます。

中には、すでにご存知のものもあるかと思いますが、間違って使用されている可能性もあります。それぞれの用語を正しく理解することで、営業活動および営業マネジメントに対する正しい認識が身につきます。またそれが、正しい改善行動にもつながっていくはずです。

さらに、本書で登場するそれぞれの用語をあらためてここで定義し、その上でこの先を読み進めてもらいたいとも思っていますので、確認しておきましょう。

以降、順番に紹介していきます。

◆「サイエンス・マネジメント」とは

本書でお伝えしているサイエンス・マネジメントとは、「再現性のある（＝科学的な）営業マネジメント」のことです。

マネジメントポイントを設定し、マネジメントの標準化をすることで、再現性のある営業マネジメントが実現できるようになります。

◆「営業の標準化」とは

営業の標準化とは、営業資料などの各種ツールとその使い方、面談プロセス、営業活動および付帯する事務作業の時間の使い方、各種ルールなど、営業プレイヤーの営業活動を一定水準以上に保つために標準化することです。

「営業資料・ツールの標準化」と「マネジメントの標準化」の2つに分かれており、多くの場合、複数のトップパフォーマーおよびローパフォーマーの活動内容を分析して、理想的なモデルを構築します。

◆「マネジメントの標準化」とは

マネジメントの標準化とは、営業の標準化の一部で、営業組織をマネジメントする上で、営業プレイヤーが迷いなく活動するために、各プロセスにおけるマネジメント項目を明確化し、定量的・定性的に基準を設定する（標準化する）ことです。設定したマネジメント項目に対して、確認の仕方や優先順位、指導方法をマネジメント間（上下左右）に対して合意形成していく、一連の活動となります。

◆「営業マネジャー」とは

営業マネジャーの役割は、経営層のビジョン・目標を達成するための〝道のり〟を具現化し、チームを率いて実行することです。

営業マネジャーの機能としては、経営層のビジョン、目標、経営計画を具現化するために戦略を具体的な戦術に落とし込み、チームを目標に導きます。

また、細かく分類すると、次のような機能があります。

・ディレクター機能：目標管理、プロセス進捗管理、ＰＤＣＡ推進、阻害要因の排除
・マーケッター機能：情報収集、戦略・戦術策定
・リーダー機能：先導する旗振り、モチベーション喚起
・トレーナー機能：ティーチング、コーチングを行い、部下を育成
・セールスマン機能：クロージングなどを含む現場における営業

前章でも述べているように、営業マネジャーのミッションとは、目標達成に向けて営業活動および付帯する事務作業に対する〝阻害要因〟を、優先順位をつけて取り除いていくことです。

そこから、最終的にもたらされる営業成果（結果）は、営業マネジャーの責任となります。

営業プレイヤーは、各プロセスを定量的・定性的に営業マネジャーと合意した計画に沿って実行します。合意した計画に対して行動する責務は営業プレイヤーにありますが、結果については、最終的にOKを出した営業マネジャーに責任があります。

そのように考えると、各プロセスの進捗状況を確認し、異変を感じ取った上で問題を早期発見、さらには対処することも重要だとわかります。

安定的に成果を出す営業マネジャーには、次のような特徴があります。

・目標や目的の達成、もしくは部下の阻害要因を取り除くために、必要に応じて上司を巻き込みながら解決に向けて動いている
・業務フロー、商品知識、業界知識、営業スキルともに理解度が高い
・何事も徹底している
・目標に対するプロセスを定量的・定性的に説明できる
・考えや意見にブレがない（軸がある）
・受容性が高い

・部下が何をしているのか常に目を配っている
・部下の案件進捗や数値進捗を見ている
・自身で時間をコントロールしている（他人に動かされていない）
・問題を予測し、事前に対応するための動きができている

一方で、安定的に成果を出せない営業マネジャーの特徴は次の通りです。

・商品、サービス、組織、体制に対する課題や問題点は出すが、具体的な対応策を出さない。もしくは実行に移していない（曖昧な理想論は出す）
・営業プロセスの管理が曖昧。または数値のみの管理になっている。定性的（やり方など数字に表れない点）などは見ていない
・進捗管理が徹底できていない。遅れている場合も今後のアクションを具体的に話していない
・指示命令が曖昧で、部下を迷わせている
・成果を出さない部下に対して具体的な指導がない

・成果に対して部下の営業スキルを問題にするが、具体的な策は講じていない
・「言ってはいるのだけど……」などと、部下が実行しないことを言い訳にする。実行していない部下の責任にしがち。何が原因で実行していないのか、なぜできていないのか明確にしていない
・常に時間に追われていて、問題に対する事後処理が多い
・報告書や処理業務などの割合が多く、部下や顧客に向き合う時間が少ない
・指示命令を自分の言葉で説明できない。「部長が○○と言っているから……」などと、上からの指示命令を伝えるだけになってしまっている

安定的に成果を出すためには、継続的・定期的にマネジメントポイントを見ていく必要があります。なぜなら営業プレイヤーは、目先の結果で独自の手法に変えてしまうためです。そのようにして、属人的なやり方が広まっていくのを防止することが大切です。

◆「営業プレイヤー」とは

営業プレイヤーは、自社の商品・サービスを用いて顧客の顕在的、潜在的なニーズを満たし、自社に利益をもたらす役割を担います。

必ずしも、売上をあげることだけが営業プレイヤーの仕事なのではありません。そのような誤った認識を持っていると、「どんな形でもいいから売ってこい！」などという危険な指示・命令につながりかねません。

会社の利益は、継続的な売上によって成り立ちます。だからこそ、先を見据えた行動が大事なのです。

◆「営業の売上・利益」とは

営業の売上・利益は、プロセスマネジメントをした結果としてもたらされるべきものです。

プロセスマネジメントを無視した結果には再現性がなく、一過性のものとなってしまいます。それは、本来のあるべき姿ではありません。

◆営業における「プロセスマネジメント」とは

営業におけるプロセスマネジメントとは、売上や利益といった結果だけでなく、プロセス（過程）を重要視したマネジメントのことです。具体的には、定量的・定性的にプロセスをマネジメントしていく手法となります。

よく見られるのが、プロセスマネジメントを単なる「各プロセスの数値管理」と間違って認識しているケースです。あるいは、マネジメントの基準や数値の見方、指導方法が曖昧ということも多いです。

そもそもプロセスの数値管理は、各プロセスにおける問題発見のために行うのですが、進捗管理をして「なぜできないんだ！」「遅れているぞ！」と指摘するだけで、阻害要因を取り除くための行動が抜けている営業マネジャーも少なくありません。

◆営業における「合意形成」とは

営業活動およびマネジメントは、合意形成の連続です。営業プレイヤーであれば、アプローチからヒアリング、提案、クロージングにおいても、お客様と合意形成しながら進めてくことが成果につながります。

また営業マネジャーであれば、課題および課題に対する対応策、進め方、活動方針、目標達成に対する活動計画に至るまで、部下や上司との合意形成が必要となります。

よくある間違いとして、合意しなければならないことを理解していても、間違えた理解をしていると結果には結びつかないため注意が必要です。

アプローチ段階において「ご挨拶で……」や「私がこのエリアの担当になりまして……」など、本来の面談目的と異なった内容で合意したり、目的を曖昧にしてアプローチをするケースを見かけますが、本来は「面談目的」や「面談時間」は明確に合意しなければなりません。

それ以外にも、「ヒアリングをしなければならないこと」は理解していても、顧客が話すことだけを真実だと勘違いしているケースもあります。

顧客は、真実を誤解していることもあれば、顕在化している事象や主観を話していることもあります。そのためヒアリング時には、さまざまな事象や事実から顕在化しているニーズだけでなく、潜在的なニーズを浮き彫りにして、事実や事象からニーズの全体像を合意していきます。それこそヒアリングの目的であるはずです。

このように、合意形成の前提となる認識に誤解が生じていないかどうかもチェックすることが大切です。

◆「営業の阻害要因」とは

営業の阻害要因とは、売上、利益、契約などの営業活動に関連する〝障害〟のことであり、各プロセスに潜んでいます。

一例をあげると、「煩雑なシステム」や「二重入力」など、営業の活動量を落とすものなどが阻害要因となります。

阻害要因には、営業活動の「質」を落とすものと「量」を落とすものがあります。

◆営業の「目標設定」と「活動計画」とは

営業の目標設定とは、目標（ゴール）に対して次の５つの要素を踏まえつつ、各プロセスに対して定量的・定性的に決めることです。

この５つの要素は、それぞれの頭文字を取って「ＳＭＡＲＴの法則」と呼ばれています。

①Specific（具体的に）
誰にとっても明確で、具体的に。

②Measurable（測定可能な）
目標の達成度合いおよび進捗が、自身・上長で測定可能な様に。

③Achievable（達成可能な）
絵に書いた餅ではなく、また希望や願望でもなく、目標がコストや時間を加味し

ており、現実的な内容かどうか。

④Related（経営目標に関連した）もしくはReasonable（組織ミッションに沿っているか）。設定した目標が、経営層が掲げる目標および自身が所属する部署・チームの掲げる目標に紐づいているか。

⑤Time-bound（時間制約がある）

いつまでに達成するか。

5つの要素を踏まえる上では活動計画も作成する必要があります。そのため、活動計画は目標設定には必須で、目標設定の中に含まれています。

ただ現状、目標設定に関して多くの企業で誤解が生じています。

例えば、次のような誤解です。

・結果（売上金額）を割り振ることを目標設定と思っている

・各プロセスで定量的な目標設定はされているが、どのようにやるのかは個人に任されていて、数字を計測する意味が薄れている

・各プロセスで定量的・定性的に目標設定はされているが、営業マネジャーが作成しているだけで、営業プレイヤーに納得性がない（原則として、営業マネジャーが最終目標（売上）を割り振り、営業プレイヤー自身が各プロセス目標を設定した上で作成し、営業マネジャーと営業プレイヤーで目標達成への道のりを合意形成するのが望ましい。目標達成が難しい場合は、打開策を営業マネジャーに相談しながら現状・現実を加味しながら計画をする）

・定期的な進捗が明確でない。また、定点でのチェックやリカバリーがない

◆「セールスレビュー」とは

レビューとは、「再調査」「再検討」という意味のある言葉です。

特に営業マネジャーが実施する「セールスレビュー」とは、営業プレイヤーの営業活動を振り返り、客観的に活動が適切に行われているかどうかを確認し、適切な行動に導くことを指します。頻度としては、経験やスキルにより異なりますが、新人を例にとると、日々、実施するのが望ましいでしょう。

セールスレビューの主な目的は、次の5つです。

・営業におけるスキルのチェックと修正
・商談の進め方の確認と是正
・活動計画における進捗状況の確認と阻害要因の有無
・健康（心身）、モチベーションの状況確認
・今後（明日、来週）のアクション（商談を含む）における進め方の確認と活動計画

研修やロールプレイングなどで、付与したスキルや知識が実践で活かされているかどうか、さらには徹底できているかどうかを確認し、完全に定着するまで行うことが求められます。

◆「マネジメントポイント」とは

マネジメントポイントとは、ゴールに対してマネジメントしていく項目を定量的・

マネジメントポイント

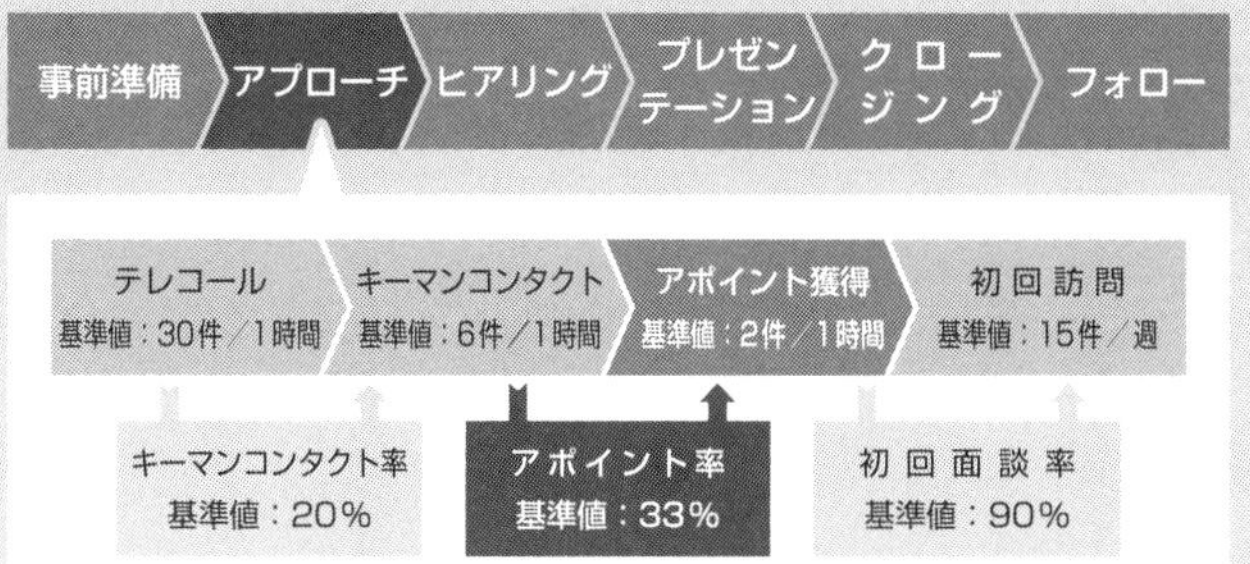

	チェックポイント一例	確認できた問題・阻害への対処例
アポイント率が基準値より多い場合（誤差＋3%以内）	①定義認識の確認（キーマン・アポ定義等）【チェック方法 個別ヒアリング】	①営業プレイヤーに対しての認識のズレの修正と、定義の重要性の醸成を図る
	②オーバートークの有無の確認【チェック方法 音声モニタリング・ロールプレイング】	②ロールプレイングによる正しいトークの指導とモニタリング・指導による定着化促進
	③……………………………	③……………………………
アポイント率が基準値より少ない場合（誤差－3%以内）	①ネガティブな反応への応対トークの実施確認【チェック方法 音声モニタリング・ロールプレイング】	①ロールプレイングによる正しいトークの指導とモニタリング・指導による定着化促進
	②ターゲットリストは間違えていないか確認【チェック方法 SFA・個別ヒアリング】	②正しいリストの指示と、間違えた要因の特定と対応策の実施
	③……………………………	③……………………………

定性的に明確にした営業マネジャーの指針となるものです。ゴール、ゴールに向けたプロセス、プロセスごとの確認するポイント、時期、頻度、適切な基準、確認する手段、指導方法も盛り込まれていると良いです。営業を標準化した上で設計する必要があります。

例えば、理解しやすい例として、テレアポ業務（アプローチ）の場合は、61ページの図のようになります。

◆「ロールプレイング」とは

ロールプレイング（ロープレ）とは、疑似的に営業現場を再現し、面談の練習を行うことです。ロールプレイングを実施する上で重要なポイントには、次のようなものが挙げられます。

・ロールプレイングチェックシートを作成し、基準とすべき項目を明確にしてセンスや感覚での指導にならないようにする

・実践を想定し、営業プレイヤーから止めないこと。実際の現場では止めることができず、また困ったときにどう対応するかもチェックできるため
・営業マネジャーは、「1ロールプレイング・1指摘」を行う。ダメな点があるなら即ストップして、その場で指摘する。通しで実施し、いくつも指摘するのは効果的でない
・「物分かりのいい顧客」を演じない。よく発生する質問やネガティブな発言をおさえて試すこと
・顧客の会社概要、状況、顕在的なニーズと事象、潜在的なニーズと事象など、設定を細かく決めておくこと。ただし、営業プレイヤーに渡す事前情報は限定しておく
・実績の上がっている社員にも上がってない社員にも、定期的に実施する

ロールプレイングは練習であり、反復してすることが肝要です。

また、営業の品質を維持していくために実施していくことも目的にあります。実績の非常に秀でているケースでロールプレイングを実施してみると、オーバートー

クをしていることが発覚するケースも多くあります。

ただし、あくまで練習ですので、営業マネジャーは営業現場への同行も疎かにしてはなりません。インタビューでは「できている」と聞いていても、ロールプレイングではできていても、実践では実施していないことも多々あるからです。

◆「営業資料」とは

営業資料とは、営業活動で使用する資料のことで「パンフレット」「チラシ」「提案書」「送付用資料」などを含みます。

加えて、第4章で紹介している「商談用資料、スクリプト、ネガティブな反応に対する応対、ＦＡＱ」も重要です。

営業資料は、その目的を明確にした上で作成し、使用しなければなりません。

よく見かけるのは「後ほど読んで理解してもらうこと」を目的にした資料や配布用のチラシでプレゼンテーションをしてしまうケースです。そのような資料は、営業プレイヤーが説明することを前提に作成されておらず、情報も多く、文字も細かく、プレゼンテーションや個別での面談には向いていません。

プレゼンテーションや商談は「見せて補足説明しながら理解を促進していくこと」を目的とした資料を用い、見やすさに配慮して行う必要があります。

◆「面談プロセス」とは

面談プロセスとは、営業活動における面談の流れを指します。

具体的には、「①事前準備」「②アプローチ」「③ヒアリング」「④プレゼンテーション」「⑤クロージング」「⑥フォロー」という流れが基本となります。

ちなみに、「面談プロセス」は挨拶をしてから帰るまでの流れを示し、「商談プロセス」は初回面談から2回目、3回目と、複数回に渡る商談全体の流れを示しています。

それぞれの過程を踏まえて、やるべきことを決めていきます。

◆「アプローチ」とは

アプローチとは、面談目的や時間など、お互いの認識を確かめつつ、一致させていくためのプロセスのことです。

◆「ヒアリング」とは

ヒアリングとは、お客様から考えや事象を聞き、複数の事実から、顕在化したニーズだけでなく潜在的なニーズまで浮き彫りにしていくプロセスです。

例えば、ビジネス向けのモニターを売っている営業プレイヤーであれば、

「どのようなツールを使っていますか？」
「どのように会議を行っていますか？」
「どのように意思の疎通を図っていますか？」

などのヒアリングが該当します。

その過程で、会議に紐づく〝顕在化しているニーズ〟と〝潜在的なニーズ〟を探っていくわけなのですが、そのうち特に重要なのは「潜在的なニーズを掘り下げること」です。

潜在的なニーズを掘り下げていくと「現状のツールは使いにくい」「もっと効率的なツールを使いたい」などの隠れたニーズが見えてくるかもしれません。そして、そのような潜在的なニーズは、お客様自身も認識していないケースが多いためです。

◆「プレゼンテーション」とは

営業におけるプレゼンテーションとは、お客様と自社で〝ニーズの満たし方〟を合意していくプロセスのことです。

プレゼンテーションでは、わかりやすい資料を用い、ヒアリングで浮き彫りになった顕在的なニーズ、潜在的なニーズの満たし方を合意形成しながら丹念に進めていくことが肝要です。

◆「クロージング」とは

クロージングとは、アプローチ以降のプロセスをお互いに振り返り、合意したことを再確認しつつ、今後の方向性について明確にしていくプロセスのことです。この段階で「契約締結」、もしくは「契約に至らない」など、結果を明確に白黒つけることが肝要です。また、契約に至らない場合は、なぜ契約に至らないのかも明確にすることが次につながります。

第3章

サイエンス・マネジメントの手法

営業マネジャーがやるべき9つのステップ

0

サイエンス・マネジメント9つのステップとは

第3章では、営業現場を改善するために必要なサイエンス・マネジメントの手法について掘り下げていきましょう。

営業マネジャーは、次の営業現場改善のための9ステップを実施することで、前章までに紹介してきたような問題をクリアしつつ、本来やるべき業務を行えるようになります。

9ステップの全体像としては、次の通りです。

ステップ①目標・ビジョンおよび課題感の確認
ステップ②現場確認・調査
ステップ③課題・問題抽出
ステップ④課題共有・合意形成
ステップ⑤課題・問題の対応策の策定

ステップ⑥ 対応策の共有・合意形成
ステップ⑦ 対応策の実行
ステップ⑧ テスト・ブラッシュアップ
ステップ⑨ メンテナンス・定着化

それぞれの項目について詳しく見ていきましょう。

1 ステップ① 目標・ビジョンおよび課題感の確認

ステップ①は、「目標・ビジョンおよび課題感の確認」です。経営者など（経営層）に対し、会社の目標やビジョン、課題感について確認していきます。

具体的な作業としては、「将来的に描いていること」「会社のありたい姿」「目標・実績」「課題感」などについてヒアリングを行い、経営層と営業マネジャーとで確認、共有していきます。

それぞれの内容については、会社によってさまざまです。そのため、会社が進みたい方向に関する事項を、今期なら今期、3ヶ年なら3ヶ年、5ヶ年なら5ヶ年など、決められたスパンで確認し、共有します。

その上で「どのような課題感を持っているのか?」「何をしなければならないと考えているのか?」などについても確認します。例えば、「スキル営業成績が思うように上がらない」「退職者が増えている」など、目標達成の障害となるものがあるはずです。

◆チームを目標に導くためにもヒアリングが大事

もし、あなたが営業マネジャーとして赴任した場合、このステップ①で「社長はこのようなビジョンを持っている」「会社としてはこういう目標がある」「A部長、B部長、C部長はそれぞれ、こうした課題感を持っている」などを明らかにしていきます。

そもそも営業マネジャーというのは、経営層のビジョン・目標を達成するための〝道のり〟を具現化し、チームを率いて実行することです。そして、経営層のビジョン、目標、経営計画を具現化するために戦略を戦術に落とし込み、チームを目標に導く存在です。

それらを実現するために、ステップ①で目標・ビジョンおよび課題感を確認するのです。最終的には、そうした阻害要因を解消するために、対応策を検討・実行していきます。

目標は数値的なものでも構いません。例えば、あなたが新任マネジャーで着任したとしましょう。

「3年以内に年商10億を目指したい」という目標があった場合、「今までの営業マネジャーは年商10億を達成させるためにどのようなことを、どのくらいしてきたのか」「その対策、手立て、方針に関して営業マネジャーの上長としては、どのような感触を持っているのか」を知る必要があります。

また、そのマネジメントの活動に対してネガティブな意見の場合は、「今までの営業マネジャーの動きや現場を俯瞰していて見えた障害は何か、何だと考えているのか」などのインタビューをすると、次のステップ以降で重点的に確認すべきことが明確になっていき、やるべきことが見えてきます。

2 ステップ② 現場確認・調査

ステップ②は、「現場確認・調査」です。
確認するべき事項は多岐に渡りますが、例えば、次のような項目が挙げられます。

・個別面談（意欲、志向性、個人が考える課題感を事実、主観を分けながら聞き取り）
・実績と活動量（チーム、個人）
・各種営業資料、各報告物の利用状況と目的
・業務フロー
・管理ツール、支援ツールの使用状況

・同行、ロールプレイングによる個人別の評価（スキル・知識など）
・営業活動に付帯する一連の事務作業における業務量と所要時間と阻害要因
・各担当と役割
・ルール（部署によっての慣例や暗黙のルールを含む）

これらの作業は、「ステップ①」で確認・共有した課題感を、実際の現場でチェックするために行われます。具体的には、係長や各営業プレイヤーにインタビュー、営業同行です。実際に営業マネジャー自身の目で見て、事実を現場で確認していきます。

例えば、営業プレイヤーに対して個別インタビューを行うとすれば、一例ですが「どのようなプロセスで営業活動を行っていますか？」「どのような営業ツールを使っていますか？」「1日の時間の使い方についてはいかがですか？」などを聞きます。

さらに、「どのようなことに迷っている（困っている）のか？」「より高い成果をあげるために何が必要と考えているのか？」についてもヒアリングしていきます。

◆情報は「事実」と「主観」を意識して収集する

この時点では、事実もありますが、同時に「ツールが悪い」「目標が高すぎる」「商品が悪い」など営業プレイヤーの主観や愚痴、抽象的な意見なども含まれていますが構いません。

ただし、「事実」と「主観」を切り分けて情報を収集していくことが重要なポイントです。事実だけでなく、主観や愚痴の中にも阻害要因や別の事実につながるヒントになるケースもあります。

インタビューで集まった情報がついては、営業同行やロールプレイング、各種データ、各種資料などをチェックすれば、事実なのか否かがわかります。

あとは、収集した情報・データをすべて並べ、事実と意見とに区別し、次の工程に進みます。

3 ステップ③ 課題・問題抽出

ステップ③は、「課題・問題抽出」です。具体的には、営業現場で起きている事象を整理し、課題・問題を特定していきます。

「ステップ①目標・ビジョンおよび課題感の確認」と「ステップ②現場確認・調査」を経て、経営層と営業現場のそれぞれでどのような課題や問題があるのかが明らかになりました。

ステップ③では、事実を整理し、課題と問題を特定し優先順位をつけていきます。そうすることによってはじめて、経営層が抱いている課題感と、営業現場が抱いている課題感とをすり合わせることができます。

その結果、次のステップである「課題共有・合意形成」もしやすくなります。課題感をすり合わせることで事実が明確になるからです。

◆合意形成は「現場から得られた事実」をベースにする

合意形成は、現場から得られた複数の事実をもとに行います。実際に起きている事象をベースに課題を説明したほうが合意しやすくなるためです。

インタビューやヒアリングをしていると、各々がさまざまな意見を述べるかと思います。しかし、それらは必ずしも事実とは限りません。そのため、ステップ②で区分けした事実をもとに、課題・問題を抽出するよう心がけましょう。

例えば、「営業ツールが悪い」という意見をそのまま受け取ってしまうと、「営業ツールに問題がある」と捉えてしまいかねません。そうではなく、「SFA（営業支援システム）の入力定義が曖昧で、正しく入力できていない」「二重入力によって二度手間が発生している」など、事実ベースで掘り下げることが大切です。

あるいは、「マニュアルが悪い」という意見に対しても、マニュアル通りに営業活動をしているのかを確認し、その上で「マニュアルを徹底できていない」など、事実ベースの課題や問題へと落とし込みます。

◆事実ベースの課題・問題のあぶり出し例

一例を挙げると、次のような意見と事実から課題・問題へとつなげていくことが大事です。

【例：SFAに関する報告に関して】

・個別インタビュー
営業プレイヤーAさん：「日中は、忙しくて入力ができない。あと回しになる」
B課長：「入力項目は少ない。1件あたり2分でできるから入力できて当たり前」

・現場調査①（SFA入力）
①多重入力があり、同じ項目を3ヶ所に入力が必要。
②ページ遷移が3段階にわたり、最大15分程度の時間がかかることもある。
③入力項目は10ヶ所、しかし入力項目の8割がテキスト入力になっている。

④Aさんの平均入力時間／件は、7分。全体平均・平均入力時間／件は6分。

・現場調査②（時間の使い方）

①Aさんの時間の使い方は、営業のコアタイムにおいてエクセル、パワーポイントで会議資料などを作成しており、営業活動時間としては平均6時間／人日《にんにち》に対して3分の1程度の稼働となっている。

②役割分担が曖昧で、Aさんは先輩社員の事務作業も実施している。

・課題・問題

①SFAの設計構築が活用、定着化させるには不十分で、ムダな時間がかかっている。

②時間の使い方、役割分担のルールが曖昧になっている。

③営業マネジャーが、現場で起きている事象やルールを理解していない。

【営業資料について】

・個別インタビュー

営業プレイヤーAさん：「営業資料が悪い。使いにくい。不十分」

B課長：「営業資料は十分。その資料を使って売れている営業プレイヤーCもいる。Aさんのスキルが低いだけ」

・現場調査①（資料確認）

①営業プレイヤーによって使っている資料が違う。

②ファイルサーバーに営業資料が煩雑にあり、整理がされていない。

③営業資料はファイルサーバーに100個以上ある。

④商品説明用の資料はあるが、「導入事例」「顧客の声」「競合比較」などの資料はない。

・現場調査②（営業同行およびロールプレイング）

①Aさん、Cさんと1ヶ月の期間で、各20社同行。

②顧客の9割からは、導入事例、実績の質問がある。

③Cさんは経験から導入事例や活用事例を説明できている。しかし、Aさんは商品説明に終始している。導入事例、実績に関する質問には曖昧に回答している。

・課題・問題

①経験や属人性に左右される営業資料になってしまっている。
②顧客からの質問やネガティブな反応に対する資料がない。
③資料が整理されていない。

4 ステップ④課題共有・合意形成

ステップ④は、「課題共有・合意形成」です。解決するべき課題を、現場の営業プレイヤーとともに共有し、合意形成を行っていきます。

課題共有・合意形成は、必ずしも上司から部下に行うわけではありません。これまでの経緯を踏まえて、上司（経営層）、部下（営業プレイヤー）、左右（他の営業マネジャー）など、上下左右を対象に行います。

そのときに大事なのは「目標を達成するために、私たちはこのような課題に対処しなければならない」ということを共有し、合意形成を図ることです。合意してもらえるまで、徹底的に話し合うことが大切です。

◆反発に対してはここまでに収集した情報が役に立つ

課題共有・合意形成のための話し合いをしていると、「私はそう思わない」「それは違うよ！」などと、反発する人も出てくるかと思います。特に、現場の改善に反対している人ほど、素直に合意しないものです。

そのようなときには、ステップ①～③までの過程で収集・蓄積・分類したデータや情報を活用しましょう。主観や感覚的な意見ではなく、事実をもとに説明することで、反論されにくい状況を作ることができます。

例えば、「業務システムが時間を奪っている」ということを共有するのであれば、事実をもとに共有し、「確かにそうですね」「それは我社の課題ですね」などの合意形成を図っていきます。

上下左右で合意できた課題に関しては「業務システムを改善する」「そのために必要な予算を取る」「予算をもとにシステムを組み直す」というように、後の工程にもスムーズに進みやすくなります。

◆この時点では全体の7~8割の納得を得られればいい

ちなみに、この段階での合意形成は、必ずしも〝全面的な賛成〟でなくても構いません。「このような課題があります」「わかりました」というレベルで問題ありません。

合意形成にこだわりすぎると、先の工程へと進めなくなってしまいます。感覚としては主要人物、および全体の7~8割が納得し、残りは実行の中で合意してくれる状況を目指しましょう。少なくとも、真っ向から反対している人はいないようにしてください。

実際にやってみるとわかりますが、事実をベースに課題を提示すると、ほとんど反論は出ません。実際に調査をした結果として抽出されているためです。たとえ反論されたとしても、事実を提示すれば一応は納得してもらえます。

もちろん中には、「面倒くさいから、とりあえず変化に対して反対する」「会社に対して不満があるから同意しない」という人もいるでしょう。「２：６：２の法則」にもあるように、そのような人が全体の２割程度はいるものです。

大切なのは、サイエンス・マネジメントを通じて、６の中間層で安定してヒットを打つアベレージヒッターを増やしていくことです。そのための課題共有・合意形成を、ステップ④で行っていきましょう。

5 ステップ⑤ 課題・問題への対応策の策定

ステップ⑤は、「課題・問題への対応策の策定」です。共有・合意した課題や問題をもとに対応策を策定し、それぞれの難易度を確認しつつ、優先順位を見極めていきます。ステップ④で合意形成した課題や問題は、対応策を考案した上で対処していきます。

ただし、考案されたすべての対応策に取り組めばいいわけではありません。時間効率や労力なども考慮し、優先順位の高い順番に取り組むことが大切です。

◆「すぐに実行できて効果が出やすい施策」を優先順位の1位にする

優先順位の基準となるのは「対応策の難易度」と「目標に対するインパクト」です。対応策の難易度は〝実行のしやすさ〟、目標に対するインパクトというのは〝どのくらいの効果が出るのか〟という意味に解釈してください。

最も優先順位が高いのは、難易度が低く、目標に対するインパクトが大きい対応策です。結果が求められる営業現場の改善では「すぐに実行できて効果が出やすい施策」を優先的に実行していかなければなりません。

対応策の順位づけをイメージとして掴むために、難易度とインパクトで4象限を作り、マトリクス的に図示してみるといいでしょう。
「難易度が高い・難易度が低い」を縦軸、「インパクトが大きい・インパクトが小さい」を横軸にして十字マトリクスを作ると、次のような4象限ができます。

象限1：難易度が低くてインパクトが大きい
象限2：難易度が高くてインパクトが大きい
象限3：難易度が低くてインパクトが小さい
象限4：難易度が高くてインパクトが小さい

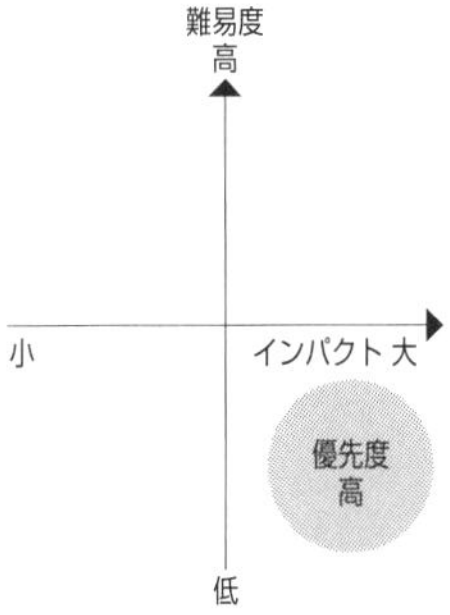

いずれにしても、難易度が低くインパクトが大きい対応策が優先されます。
解決策の策定は1人で行うのではなく、部下や上長も交えて一緒に行いましょう。そのほうが幅広い意見やアイデアが出やすくなりますし、あとで合意形成する際にも楽になります。
特に、トップパフォーマーなどの優秀な人からの意見は参考になると思います。より効果的で実効性・再現性のある対応策を検討してみてください。

6 ステップ⑥ 対応策の共有・合意形成

ステップ⑥は、「対応策の共有・合意形成」です。ステップ⑤で対応策とその優先順位を見極めたら、その対応策を社内で共有し、合意形成を行います。

ステップ④でも共有・合意形成を行いましたが、その段階では〝課題そのもの〟を対象としていました。一方、ステップ⑥では、ステップ⑤を経て決められた対応策と優先順位について、共有・合意形成していきます。

◆全体に対する合意形成をおざなりにしてはいけない

営業マネジャーとしては、このステップ⑥を前提としつつ「ステップ⑤課題・問題への対応策の策定」を行うのがベストです。つまり、その後に共有と合意形成があることを踏まえて、対応策についても考えておくのです。

前述したように、対応策を上司や部下と一緒に考えることなどは、ステップ⑤とステップ⑥の流れを踏まえた賢明な手法となります。

対応策の合意形成は、課題の合意形成と同様に、必ずしもすべての人が受け入れてくれるとは限りません。そのため、より合意形成しやすい視点から、対応策の優先順位を検討しておくことが大事です。

ただし、「ステップ⑤課題・問題への対応策の策定」「ステップ⑥対応策の共有・合意形成」という順番は守るようにしてください。

ステップ⑤の段階で主要人物に共有・合意できることもありますが、全体における合意形成は、おざなりにならないよう注意しましょう。

7 ステップ⑦ 対応策の実行

ステップ7は、「対応策の実行」です。多くの課題・問題では、営業の標準化（営業資料・ツールの標準化、マネジメントの標準化）、ルール策定、システムの再設計などの対応策が必要となってきます。さらには、対応策のタスク進捗管理まで行います。

営業資料・ツールの標準化やマネジメントの標準化に関する手順の詳細とポイントについては、内容がかなり厚くなってしまうため、第4章で詳しく紹介していきます。本章を読み進める時点では、ステップ①〜⑥を踏まえた上で、これらの対応策を実行するのだと理解しておいてください。

◆その標準化にズレや徹底されていない部分はないか？

例えば、営業スキルの向上を実現するための対応策のひとつが「週1回のロールプレイング」であったとしましょう。そのとき、週1回行われているかどうかの確認はもちろん、事前準備や資料の作成など、最終的な定着化なども含めて、対応策におけるタスク管理や、実行状況の管理をしていく必要があります。

企業によっては、「すでに営業の標準化やマネジメントの標準化はできている」というところもあるかもしれません。しかしその場合でも、標準化されている内容にズレが生じていたり、徹底されていなかったりするケースも多いです。

だからこそ、あらためて営業の標準化やマネジメントの標準化について確認しつつ、さまざまなタスクを優先順位に沿って管理していくことが求められます。

8 ステップ⑧ テスト・ブラッシュアップ

ステップ⑧は、「テスト・ブラッシュアップ」です。ここまでの流れを踏まえて対応策を実行し、テストやブラッシュアップを行います。要は、それらの対応策を現場に合わせて精査していくこととなります。

ステップ⑦で策定された対応策は机上の空論であり、必ずしも完璧なものではありません。だからこそ、テストやブラッシュアップを経て、より精度を高めていく必要があります。

◆ブラッシュアップに活用できるセールスレビュー例

実際に実行してみるとわかりますが、改善できる部分や磨ける要素はたくさんあります。それらの点を見つけるために活用したいのが「セールスレビュー」です。第2章でも紹介しているように、営業プレイヤーの営業活動を振り返り、活動が適切に行われているかどうかを確認しつつ、改善していくのがセールスレビューです。

対応策の精査におけるセールスレビューでは、具体的に次の5つを行います。

・対応策を進めている上での現場における問題点、修正点、誤解の確認
・商談の振り返りによるスキルのチェックと修正
・活動計画における進捗状況の確認と阻害要因の有無
・モチベーションの状況確認
・今後のアクション、商談における進め方の確認と調整

例えば、対応策としてマネジメントポイントを設定、営業標準化をした際のセールスレビューの一部を、営業プレイヤーAさんと営業マネジャーBさんの会話を例にして見てみましょう。

Aさん「まず定量的な活動量からお話ししますと、新規の商談が2件。そのうち1件が受注しました。残り1件が失注です。受注要因は……。失注要因は……」

Bさん「受注、おめでとう。まず活動量だけど、設定したプロセス目標のうち新規商談件数が2件ショートしているようだけど、何かあったの？」

Aさん「4件の予定で動いておりましたが、C係長から『リスケをしていいからエクセルで今週の活動状況を急ぎで纏めて報告してほしい』ということで、予定が崩れました」

Bさん「活動報告は、SFAの入力を徹底することでエクセルでの報告なくしたはずだけど、Aさんは活動を入力していますか？」

Aさん「はい、入力しています。C係長は『SFAのダッシュボード設定が見にくいのでエクセルで報告してほしい』と仰っていました」

Bさん「わかりました。C係長には、話しておきます。SFAのダッシュボードも設定も見やすく変更するので、Aさんは決められた通りに実行してください。その他に、みんなで標準化したスクリプトや資料の使い勝手はどうですか?」

Aさん「スクリプトや営業資料は、とても良いです。受注した1件も導入事例と実績資料が決め手になったと思います」

Bさん「資料が有効なら良かった。また実践で使いにくい点あれば教えてください」

この例のセールスレビューでは、C係長はエクセルでの報告をなくしたのに、実際は部下に求めていることがわかりました。営業マネジャーBさんは、このレビュー後にC係長と、どのようにSFAのダッシュボードが見にくいのか、または理解していないのか、などを確認し、必要に応じて設定を直すことになります。

また、SFAによる報告業務省力化の意味と必要性を話し、合意形成していきます。

9 ステップ⑨ メンテナンス・定着化

ステップ⑨は、「メンテナンス・定着化」です。実行する対応策のテスト・ブラッシュアップを経て、定期的にチェック、メンテナンスし、現場への定着化を図ります。

特に見ておくべきポイントとしては「形骸化していないか？」「勝手なルールを作っていないか？」などの点です。定期的にチェック、メンテナンスをしていないと、本来あるべき姿とは異なる形で定着化してしまいかねません。

どこの営業組織でもそうですが、メンテナンスを怠っていると、人々はより楽なほうへと流れていってしまいます。これまでのやり方に問題があるとわかっていても、変えられなかった理由もそこにあります。

そのため「ルールも作ったし、周知したから大丈夫だろう」と考えていると、いつまで経っても本質的な変化は生じません。「挨拶を徹底する」「同じ資料を使う」といった簡単なルールでも、定期的にメンテナンスしていなければ定着しないのです。

◆定期的なメンテナンスが属人性を排除する

例えば、「週1回、ロールプレイングを行う」というルールを作ったとしても、忙しさを理由に2週間に1回、月に1回……と頻度が少なくなることもあります。そうならないよう定期的にチェック、メンテナンスすることが大切です。

スポーツの世界で優秀な成績を収めている一流選手も、同様の行動をとっています。自らの型を改良しつつ、メンテナンス・定着化するために反復練習を行います。毎日やるからこそ定着化できるのであり、精度も高まっていきます。

営業のロールプレイングについても同様で、定期的にメンテナンスしていないと、少しずつズレ（属人性）が生じてしまうものです。そうしたズレをなくすために、営業マネジャーがチェックし、メンテナンス・定着化を図りましょう。

ロールプレイングを例にとると、メンテナンス、チェックに関しては、人によって頻度を変えても構いません。新入社員に対しては毎日、中堅社員は週に1回、べテラン社員、トップパフォーマーには月に1回など、調整してみるといいでしょう。

ここで重要なポイントは、ベテラン社員、トップパフォーマーに対しても少ない頻度でも必ず実施することです。全体に共有すべき有効な気づきが得られるケースもありますし、逆にトラブルにつながるオーバートークなどが発見されるケースもあります。

これが、実績の良いトップパフォーマーであっても必ず実施する理由です。

ここまでの⑨ステップを、サイエンス・マネジメントにおける一連の行動としてシートにまとめておきます（98ページの図を参照）。

サイエンス・マネジメント9ステップ

0	ステップ1	ステップ2	ステップ3	ステップ4	ステップ5	ステップ6	ステップ7	ステップ8	ステップ9
依頼（着任）	目標・ビジョンおよび課題感の確認	現場確認・調査	課題・問題抽出	課題共有・合意形成	課題・問題への対応策の策定	対応策の共有・合意形成	対応策の実行	テスト・ブラッシュアップ	メンテナンス・定着化
	将来描いていること、ありたい姿 目標・実績 課題感	個別面談インタビュー 営業同行 体制・役割確認 業務内容・業務量確認 各プロセス実績確認 各種管理ツール確認 各種営業ツール確認 営業報告物・ルール確認	事象の整理 課題・問題の特定	360度	対応策の策定 対応策難易度の確認 対応策の実行優先の順位づけ	360度	営業資料・ツールの標準化 マネジメントの標準化 対応策タスクの進捗管理		形骸化していないか？ 勝手なルールを作っていないか？

第4章

サイエンス・マネジメントの実践

再現性のある「営業の標準化」が会社を救う

1 日本企業の9割は「標準化」ができていない

第4章では、第3章のステップ⑦でお伝えした、サイエンス・マネジメントの要諦である「営業の標準化（営業資料・ツールの標準化、マネジメントの標準化）」、さらには「マネジメントポイント」について深掘りしていきましょう。

大手企業を含む数多くの業種業態でコンサルティングさせていただいている経験に基づいた話ではありますが、残念ながら日本企業の多くは、未だに正しい標準化ができていない、もしくは標準化しても現場では定着化していないのが現状です。

特に営業現場で標準化ができていないと、営業成績にバラつきが生じてしまい、コンスタントに好成績をあげていくことができません。また、属人的な手法に頼っていると、継続性・再現性が乏しくなり、中・長期的な成長も実現できなくなってしまいます。

また、大きな組織になると、標準化されていないことで組織全体の本質的な課題が見えなくなってしまいます。各々が自分なりのやり方で仕事をし、本人の実力とは関係なくても営業実績を出している人だけが評価される環境だと、間違えた方向に向かってしまう可能性もあるのです。

会社を良くするために、意見を言い合うことは大事です。しかし、適切に標準化されていない現場では実績だけが評価の対象となるため、「意見を言う前にまず売ってこい！」「売上が出てないのだから物を言えない」という文化が醸成されてしまいます。

そのような環境は、昔ながらの営業現場に数多く残っているのですが、「とりあえず売るための行動をする」ということが先立ってしまうため、〝センスのある人〟や〝優良顧客を持っている人〟や〝優良なエリアを持っている人〟しか成果を出せません。

一見すると、「数字を出してから物を言え！」というのは営業において正しいことのように思えるかもしれません。しかし、会社として望ましいのは、組織全体の底上げを行い、安定的に大きな成果をあげることではないでしょうか。

そう考えると、「数字を出してから物を言え!」という前に、数字を出せる方法を会社が全営業プレイヤーに提供するほうが先であるとわかります。そしてそれこそ、営業の標準化であり、マネジメントの標準化なのです。

かつてのように、「商材はこれ、エリアはここ、さあ売ってこい!」「売れないのは気合いと根性が足りないからだ!」などと指導する手法は、もはや通用しません。マネジメントの標準化ができていない現状は、まさに由々しき事態です。

一方で、サイエンス・マネジメントを導入している企業は、阻害要因を排除しつつ、マネジメントポイントを見ながら問題の真因を見極められます。そのため、全体として結果につながりやすい組織を作ることができるのです。

2 適切な標準化で一定の成果をあげられるようになる

営業マネジャーにとって最も重要な仕事とは〝経営層が考えた目標、ビジョンに向かってチームを導き具現化すること〟です。しかし、「どのように目標に導くのか?」「何を見て、どのように指導するのか?」など、迷いながらマネジメントしている営業マネジャーや、過去の自身の成功体験を押し付けているだけの営業マネジャーも数多くいます。

サイエンス・マネジメントにとって重要なのは、営業マネジャーが行うマネジメントの内容を、全社的（事業部ごと）に標準化することにあります。

営業マネジャーに着任したすべての人は、適切に標準化されたマネジメントを実施することで、ある一定の成果をあげることができます。

一方で、マネジメントの標準化ができていないと、属人的なマネジメントによりチームがバラバラになってしまうこともあるのです。

マネジメントの標準化をするためには、前提として営業の標準化が必要となるのですが、いずれにしても、標準化の要点は〝あらかじめ決めてしまう〟ということにあります。

◆テストセールスで見る標準化の一例

ここで、テストセールスの例をもとに、セールスプロセスを標準化すると仮定してみましょう。セールスのプロセスには、

「事前準備」→「アプローチ」→「ヒアリング」→「プレゼンテーション」→「クロージング」→「フォロー」

という、一般的なソリューション営業としてのプロセスがあります。

この中から「アプローチ」だけを取り出して標準化すると、

①アプローチの目的、および注意点：商品Aの拡販を目的としたアポイントであり、商談目的および商談時間を明確にする。注意点として、挨拶アポや、目的をずらしたアポイントは取らない。
②キーマンの定義：代表取締役
③実施時間帯：9時〜17時

④ターゲット：ＳＦＡにある「○○リスト」から選ぶ
⑤スクリプト：「共有フォルダー○○」内の「電話スクリプトＶｅｒ．２」「切り返しＶｅｒ．３」「ＦＡＱＶｅｒ．５」
⑥送付資料：「共有フォルダー○○」の「送付資料Ｖｅｒ．１」
⑦基準値：コール数：30コール／１Ｈ、キーマンコンタクト率：20％、アポ率（対キーマン）：33％

というようになります。

このように「アプローチ」ひとつを取ってみても、あらかじめ決めてしまうことによって、個々人が余計な思考をすることなく、行動できるようになるのがおわかりいただけると思います。

◆標準化で効率的な営業手法を統一して行える

モデル営業プレイヤーを使ったテストセールスをもとに定量的・定性的に標準化

しておくと、「決められた内容で1時間あたり30コールしてください」などの明確な指示ができるだけでなく、「1時間あたり6人の決裁者（キーマン）にコンタクトできる」「1時間あたり平均1件のアポイントが取れる」ので、1日のアポイント数目標から活動量を出すことができます。

その基準をもとに、営業プレイヤーの行動をマネジメントしていきます。

標準化していれば営業マネジャーごとに指示内容が変わることもなく、またアポイントが想定通りに取れていない場合の原因も探りやすくなります。

1時間30コールができていないのなら、なぜできていないのか、活動の阻害要因を調べる。キーマンへのコンタクト率が高すぎるのなら、キーマンの定義を間違えていないかどうかを確認する。

このように、マネジメントを標準化することで、最も効率的な営業手法を全社的に統一して行えるようになります。営業マネジャーごとに指示や指導が変わることもなく、数値をもとに的確なマネジメントができるようになるわけです。

3 「営業資料・ツールの標準化」の3つのポイント

それでは、営業の標準化について見ていきましょう。

まず、「営業の標準化」は大きく2つ「営業資料・ツールの標準化」と「マネジメントの標準化」に分けられます。

そして、定義をおさらいしておくと、営業資料と使い方、商談プロセス、営業活動および付帯する業務などの時間の使い方などのルール、営業活動、マネジメントでの〝活用〟を前提とした営業管理ツールなどの標準化であり、営業プレイヤーの営業活動を一定水準以上に保つために標準化することを指します。

営業の標準化は、多くの場合、複数のトップパフォーマーおよびローパフォーマーの活動内容を分析し、理想モデルを構築することによって実現されます。

「営業資料・ツールの標準化」で特に注目したいのは、「①営業資料」「②商談プロセス」「③営業管理ツール」の3点です。

標準化のポイントについて、次からひとつずつ見ていきましょう。

◎ポイント①営業資料（商談用資料、スクリプト、ネガティブな反応に対する応対、FAQ）

1つ目は営業資料です。

この場合の営業資料とは「商談用資料」や「スクリプト（面談・フォロー・アプローチ）」「ネガティブな反応に対する応対」「FAQ」などを指します。

これらの作成するときは、次の点を考慮してください。

◆営業資料の作成で考慮すべきこと

・商談用資料

商談用資料は、すべての営業プレイヤーが使うことを前提とし、属人性に左右されないように作成することが重要です。目的に合わせて作成し、説明用（プレゼンテーション用）であれば見やすく、図式などを含めて見やすく作ってください。説明用（プレゼンテーション用）以外に、顧客の声や導入事例集などを別途、後ほど読んでもらうのを目的とした資料を作成するのも良いでしょう。

また、定期的にロールプレイングや同行を通じて、営業プレイヤーの使い勝手や顧客の反応に合わせてメンテナンスしていくことも重要です。

パワーポイントで作成するのであればノート機能を利用し、各ページにおけるトークスクリプト、訴求ポイント、各ページで説明した際に出るありがちな反応に対する応対、スクリプトなどを記入すると、新入社員も理解しやすくなります。

・スクリプト全般

スクリプトに関しては、アプローチ（電話など）、面談用、フォロー用などを端的でわかりやすく作成してください。分岐などをあまり多くせずに、見やすく一枚でまとめるのも重要です。

・FAQ

商品・サービス・会社に対しての質問をまとめたものです。ありがちな質問は網羅し、どのような回答をするかだけでなく、どのような資料・データを利用して回答するかなども標準化してください。

・ネガティブな反応に対する応対

商品・サービス・会社に対するネガティブな反応に対しての応対をまとめたものです。トップパフォーマーとローパフォーマーでは、ここに大きな差が出ていることがあります。4つの障壁（不審・不満・誤解・無関心）の乗り越え方を具体化し、FAQ同様にどのように回答するのかだけでなく、どのような資料、データを利用して回答するのかを標準化してください。

特に「FAQ」や「ネガティブな反応に対する応対」については、必ずしも一言一句、統一させる必要はないものの、ポイントがズレないように注意しなければなりません。

また、「はぐらかす」「曖昧にする」「嘘をつく」ではなく、営業プレイヤーが明確に回答するために、会社（組織）としての統一した見解を示していきます。

◎ポイント②商談プロセス

2つ目は商談プロセスです。

商談プロセスは「①事前準備」「②アプローチ」「③ヒアリング」「④プレゼンテーション」「⑤クロージング」「⑥フォロー」という、一般的なソリューション営業の商談プロセスをプロセスごとに細分化し、社内で標準化していきます。

◆商談プロセス標準化の基準はトップパフォーマーにある

基準となるのは、複数のトップパフォーマーの行動です。トップパフォーマーの行動を分析し、成果につながりやすい行動を可視化しつつ、標準化する内容を決めていきます。それぞれの工程は多岐にわたりますが、重要度や頻度などを決めて必ず実施することや絶対してはいけないことなどを明確にして、徹底することが大事です。

例えば、アプローチの初期段階であれば「挨拶」「面談目的の合意形成」「商談時間の合意形成」「前回までに合意した内容の確認」などの項目に対して、どのように実施するかのスクリプト例や重点ポイント、重要度、頻度なども入れて、明確で具体的にしていくことが重要です。

なぜか数字が出ないというときには、商談プロセスにおいてプロセスごとに実施していないケースや、プロセスの中での重要なポイントを抜いてしまっているケースが多いです。ベテランや、ベテランを見て育った新入社員に多く見られます。

実際の行動に落とし込む際には、商談プロセスシートをもとにロールプレイング用のチェックシートを作成し、実践を想定したロールプレイングをくり返していきましょう。

重要なのは、個別の考えやチーム単位で独自な型に変更してはいけないことです。変更する際は、しっかりと打ち合わせて標準モデルとして変更しましょう。

弊社が営業アウトソーシングでクライアント企業様に入り込むときは、プロジェクト担当者と協議して細部にわたって詰めた内容をチェックシートにして、浸透するまで数百回もロールプレイングすることもあります。

◎ポイント③営業管理ツール（名刺管理、SFA＝営業履歴管理、実績管理）

3つ目は営業管理ツールです。SFAや名刺管理システムなどです。

会社によっては、未だに個人別、部署ごとにエクセルなどを利用して営業活動を管理しているケースも多く見られます。しかし定量的・定性的にプロセスマネジメントをし、マネジメントを標準化するためには、適切に設計されたSFAは必須のツールです。

SFA（営業支援システム）を設計、構築する際におさえておきたいのは次の点です。

◆ＳＦＡ設計・構築でおさえておきたいこと

・導入目的を明確にする

ＳＦＡ導入の目的は「営業活動を効率化、収益向上すること」であり、情報の収集や管理はその過程です。情報（履歴など）は、収集して管理するだけでなく〝活用〟を前提に構築します。

活用とは、さまざまな切り口で情報をセグメントし、アプローチリストを作成したり、個人・チームの各プロセス状況をリアルタイムに可視化し、効果的にディレクション、コーチングなどのマネジメントができるようにすることです。

・どのような視点で構築すべきか

ＳＦＡは情報システム部門、経営者の視点でのみ構築されてしまうことが多く見られます。営業効率化、収益向上を目的とするならば、「営業プレイヤー」「営業マネジャー」「経営層」「バックオフィス」の４つの視点で構築する必要があります。

ダッシュボード、アラート機能、リスト機能などを活用し、それぞれの担当、役割に合わせて設計して、効率的に情報収集と入力ができるようにします。

◆各視点で設計する際の注意点

【営業プレイヤー】

・どのような〝情報〟を活用して営業活動しているか、日、週、月でどのような報告をしているのか（会議資料、口頭での報告も含めて）を集める。
・どのようなデバイスや状況で入力するのかを考え、テキスト入力、画面遷移を極力減らし、入力順序を考える。
・シングルインプット・マルチアウトプットで構築する（同じ情報を多重入力させることなく、できる限りシンプルに作成する）。
・各種報告や会議資料などは削れるようにして、営業プレイヤーに入力する意味を持たせる。
・入力することにより、営業活動の質、量が上がる、楽になるようにする（定着化をスムーズに実施することが、ＳＦＡ成功の最初で最大のハードルになるため）。

【営業マネジャー】

・マネジメントポイントを明確にし、既存の営業会議資料も参考にしながら各プロセスを定量的・定性的に見えるようにする。

・戦略、戦術に利用するマーケット情報、営業履歴の情報は、何かを明確にし、入力形式（テキスト入力、選択式）を考え、あとから情報を活用できるようにする。

・リアルタイムに個人別、チーム別に状況がわかるようにする。ダッシュボード、アラート機能などを利用し、〝状況〟を能動的でなくても把握できるようにする。

【経営層】

・組織全体での状況を把握するために判断しているＫＰＩ（Key Performance Indicator＝重要業績評価指標と訳され、プロセスの進捗状況を評価するための重要な指標のこと）は何を見ているか、を明確にする。

・必要としている情報とタイミングを明確にする。

・役員会、部下からの報告物の確認をできるようにする。
・必要な情報（MUST、WANT）、不必要な情報を精査し、情報の洪水が起きないようにする。

【バックオフィス】
・営業プレイヤーとの情報のやり取りとタイミングを明確にする。

4 成果を出す営業マネジャー・出せない営業マネジャーのSFAの使い方

先の項でお伝えしたSFAについて、その重要性を少し補足しておきます。

成果を出している営業マネジャーほどSFAをうまく使って時間を作り出し、本来のマネジメント業務（ディレクションや育成など）に重点を置いた動きをしています。

119ページのグラフをご覧ください。

これは弊社が、成果を出している営業マネジャーと成果を出せていない営業マネジャーの1週間（時間帯：9時〜17時30分）の業務稼働割合を調査したときのデータです。

このグラフからも明らかなように、営業マネジャーの時間の使い方がチームの成果を左右するひとつの要因であるとわかります。

◆成果を出す営業マネジャーは1日の6割をマネジメントに割いている

成果を出す営業マネジャー（図上）は、マネジメント業務の割合が高く、日中の時間帯は営業プレイヤーや顧客に対して、どのように案件を進捗させるか、未然にトラブルを予期しながら、いかに売上をあげるか、営業プレイヤーの活動の阻害要因を取り除くための動き、サポートするための稼働に注力しています。

また、報告前の準備や緊急性・重要性の低い社内業務を9時〜17時30分以外の時

成果を出している営業マネジャーの週間稼働業務割合

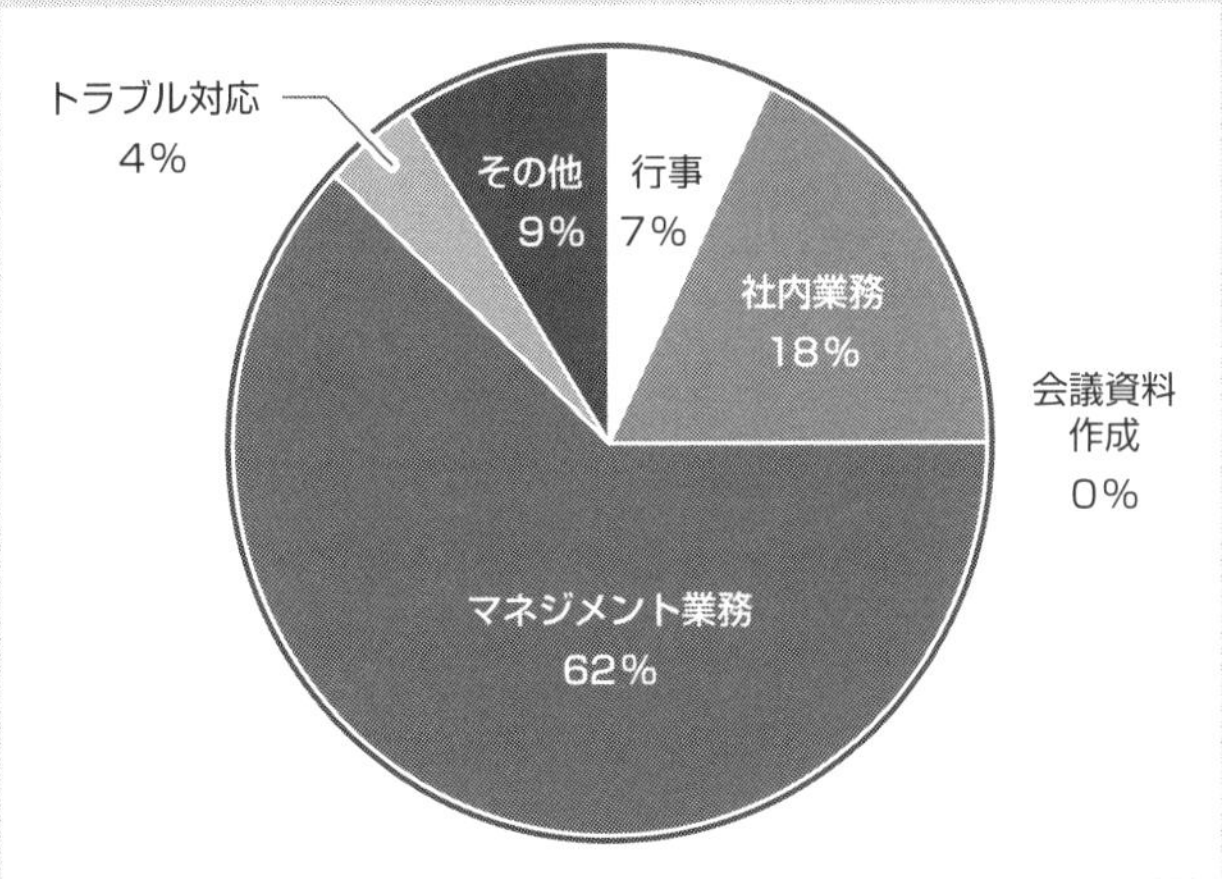

成果を出せていない営業マネジャーの週間稼働業務割合

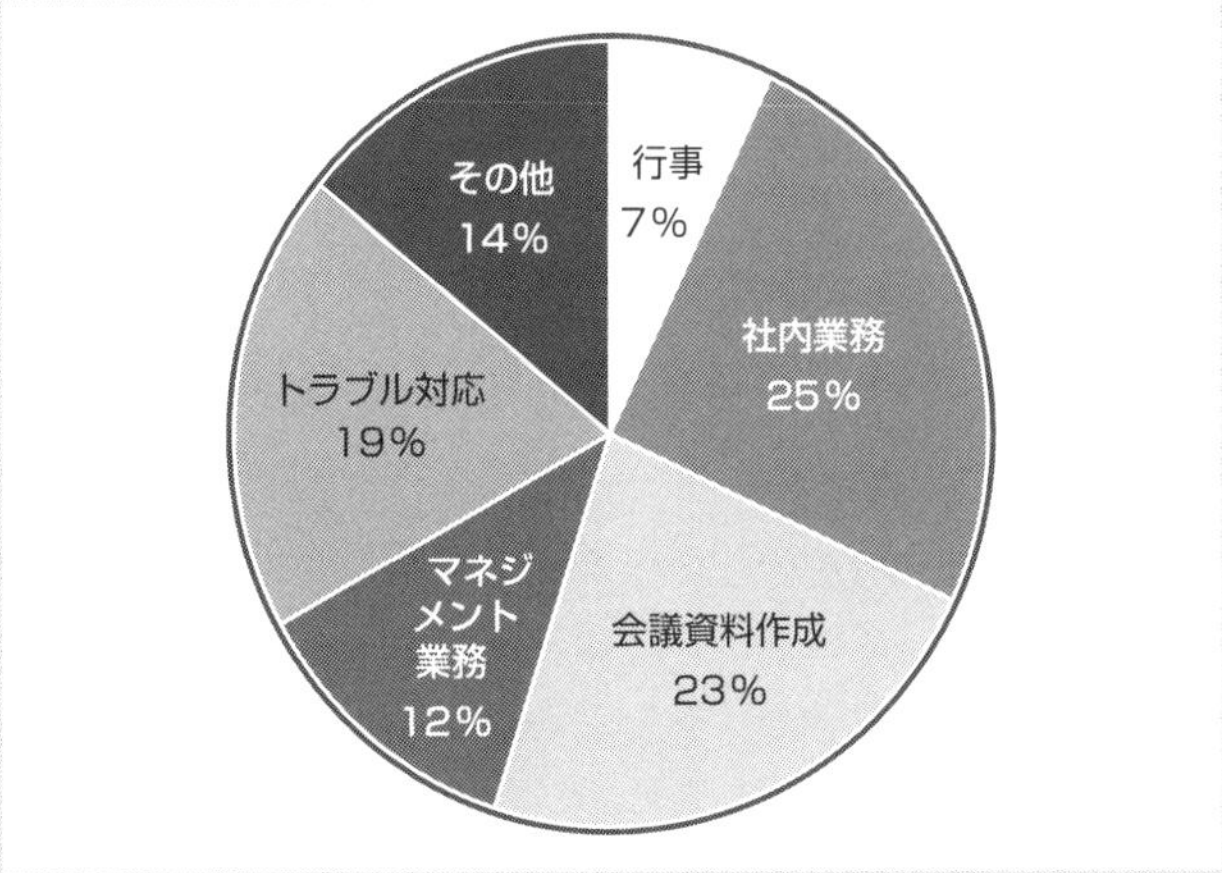

間帯で実行をしています。

例えば、移動時間などのデッドタイムの中で営業プレイヤーからの商談報告に対して、ＳＦＡのチャット機能を活用して指導をする。ＳＦＡのダッシュボード機能を利用し、営業プレイヤーがＳＦＡに入力していた情報から自動で会議資料を作成したりする、などの工夫をしています。

グラフを見てわかる通り、会議資料の作成は時間をかけていません。また、配下の営業プレイヤーも会議資料を新たに作ることはなく、ＳＦＡ入力を徹底さえすれば自動生成されるようになっているため、営業プレイヤーも間接業務が少なくなり、営業活動業務に専念できています。

そのため、営業プレイヤーも阻害要因を取り除いてくれる営業マネジャーに対して、信頼しており報連相をしっかりと行うため、自然と営業マネジャーに必要な情報が集まってくる状態となっていました。

◆成果を出せない営業マネジャーは1日の1割しかマネジメントに割いていない

他方で、成果が出ていない営業マネジャー（119ページ図下）は、マネジメント業務の割合が低く、営業プレイヤーとのコミュニケーションは、上司に報告するのを目的とした内容となっていました。営業プレイヤーの中には、報告しても大したアドバイスがなく、困っている事象への解決策も得られないため、「意味のないコミュニケーションだ」と考える人もいました。

さらには、営業プレイヤーからの必要情報が足りていないために、未然にトラブルを予期することができず、クレームが頻繁に発生。クレーム対応で時間を費やすことで、よりマネジメント業務に費やす時間がない状態へ。

部下からの情報も集まらないため、会議資料を作成するための時間がかかってしまう。上司との会議が迫っているために〝報告目的のコミュニケーション〟を部下へ取りに行く、という悪循環（122ページの図を参照）に陥っている状態でした。

成果を出せない営業マネジャーの実情

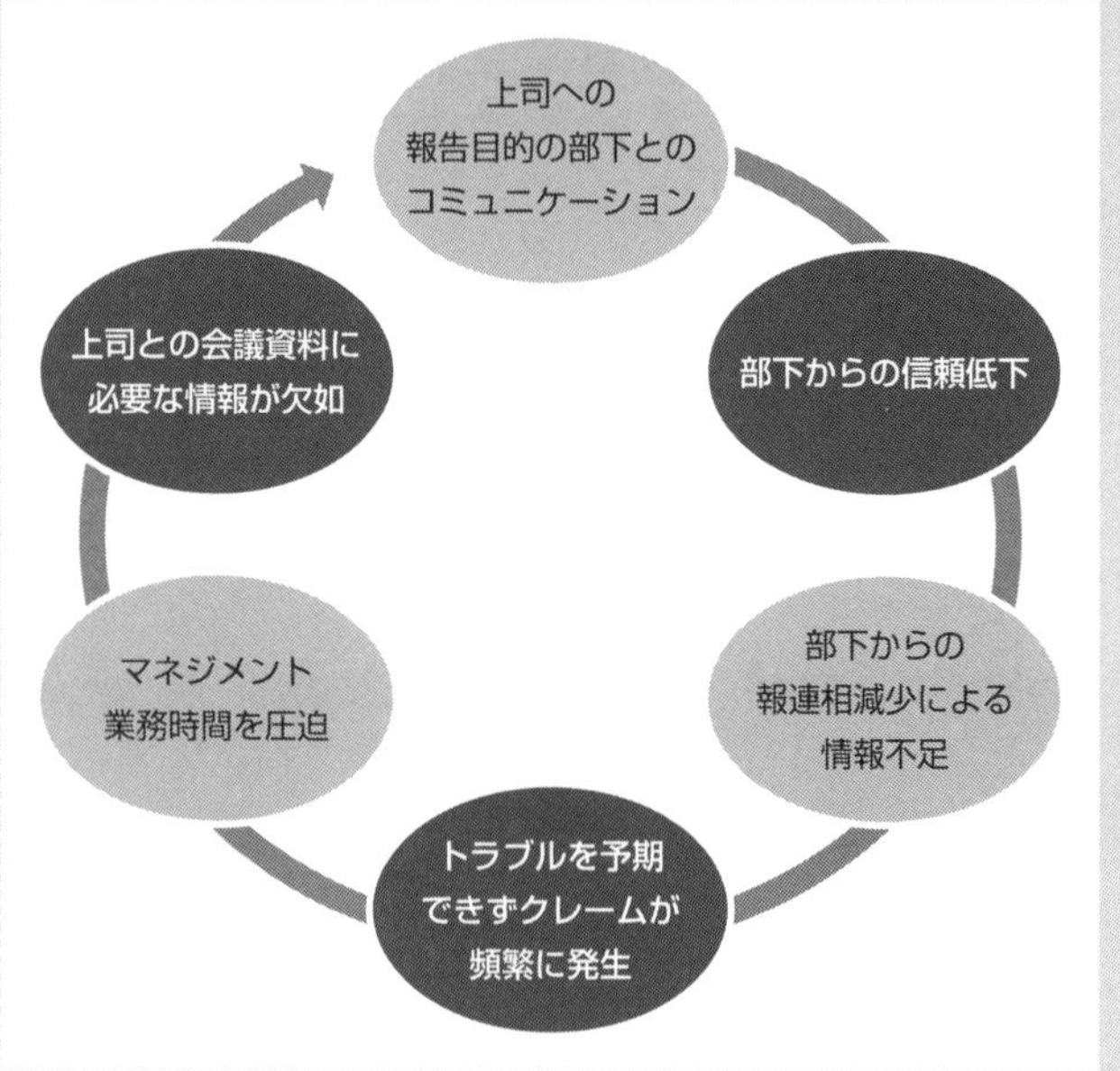

この悪循環を脱却するために、成果が出ている営業マネジャーの時間の使い方、マネジメントポイントの設定、ＳＦＡの有効活用をすることで、成果が出ていない営業マネジャーも「成果が出る営業マネジャー」へと変貌することができます。

5 「マネジメントの標準化」の5つのステップ

次に、営業の標準化のもう片翼である「マネジメントの標準化」を行う際の手順について、解説します。

マネジメントの標準化は、以下の5つのステップで行います。

ステップ①営業資料・ツールの標準化を行う
ステップ②各プロセスにおけるマネジメントポイントを決める
ステップ③各プロセスにおける定量的（数値的）・定性的な基準を決める
ステップ④マネジメントポイントの優先順位や確認方法、時期（タイミング）、対応方法を決める
ステップ⑤上司と部下を含めてステップ①〜④の内容を再確認して合意形成し、実行する

それぞれの項目について詳しく見ていきましょう。

◆ステップ①営業資料・ツールの標準化を行う

マネジメントの標準化は、まず、営業資料・ツールの標準化から行います。その理由は、これがなされていないと、マネジメントポイントを正しく設定することができないためです。各々でやり方が異なると、基準が決められません。

そのため、最初に営業資料・ツールの標準化をしておく必要があります。トップパフォーマーとローパフォーマーのやり方を調べ、「商談用資料」や「スクリプト（面談・フォロー・アプローチ）」「ネガティブな反応に対する応対」「ＦＡＱ」を統一し、セールスプロセスや面談の流れも標準化します。

営業資料・ツールの標準化については、本章107ページ〜ですでにお伝えしていますので、そちらをご覧ください。

◆ステップ②各プロセスにおけるマネジメントポイントを決める

次に、各プロセスにおけるマネジメントポイントを決めていきます。

その大本となるのは、第3章で紹介した「サイエンス・マネジメント9ステップ」の「ステップ②現場確認・調査」から「ステップ⑤課題・問題への対応策の策定」までに収集した情報です。

ステップ②からステップ⑤までの作業において、現場の営業プレイヤーなどに対する個別面談や事前調査が行われています。それらの情報とセールスプロセスを照らし合わせ、定量的・定性的にチェックする項目を決めていきます。

具体的には、トップパフォーマーがどのような行動をとっているのか（コール数、面談数など）をSFAでチェックし、各プロセスでやるべきことをどのような優先順位でチェックするのかを精査していきます。

当然、営業マネジャーの人数や営業プレイヤーのスキル・経験値に応じて、マネジメントポイントの優先順位は変えなければなりません。すべての事項をチェックすることは不可能なため、優先順位をつけておくことが大事です。

優先順位の決め方については、契約や売上に対するインパクトやクレームなどのトラブルになることなどから判断します。

より実践しやすく、効果が高まるであろうポイントを優先的にチェックしておけば、改善につながりやすくなります。

◆ステップ③各プロセスにおける定量的（数値的）・定性的な基準を決める

各プロセスにおけるマネジメントポイントを決めたら、次に、それぞれにおける定量的・定性的な基準を決めていきます。定量的な基準としては、アプローチ数、面談数、定性的な基準としてはアポイントや商談の進め方などが含まれます。

これらの基準は、モデルケースとなる営業プレイヤーを設定し基準を作成すると良いでしょう。ある程度の期間（3ヶ月程度）のテストセールスを経て基準を作成したほうが、現場での納得性が得られます。

あらかじめ基準を決めておけば、「多い・少ない」「正しい・間違っている」などの判断が容易になります。基準があることによってはじめて、定量的・定性的に評価できるようになるのです。しかも、主観的にではなく客観的な評価が可能となります。

特に定性的な基準で言うと、例えば服装に関して「スーツを着る」とだけするのではなく、「清潔なダークスーツ（黒、紺、濃いグレー）を着用し、パンツにはプレスをかける」など、細かく定めます。

挨拶なども、どのようにしたほうが相手に良い印象を与えるのかを考え、姿勢、表情、声のトーンなど決めておくほうがわかりやすいです。

【定量的な基準の例】

面談数、受注率、アポ率、受注金額、次回アクションまでのリードタイムなど

【定性的な基準の例】

挨拶の仕方、商談時の話し方、アポイントの取り方と目的、商談後のフォローの仕方など

◆ステップ④チェックすべきポイントの優先順位や時期（タイミング）、方法を決める

定量的・定性的な基準を決めたら、ステップ④としてチェックするべきポイントの優先順位や時期、方法を決めていきます。

すべての項目をチェックすることは時間的・労力的に不可能です。そのため、優先順位や時期、方法をあらかじめ決めておきましょう。

マネジメントポイントの詳細については後述するとして、例えば方法としては「営業に同行してチェックする」「ロールプレイングでチェックする」「セールスレビューでチェックする」「SFAを活用してチェックする」などが挙げられます。

このようにチェックするべきポイントの優先順位、時期、方法を決めることで、後のチェックが標準化されていきます。

◆ステップ⑤上司と部下でチェックポイントと方法の合意形成をし、実行する

ここまでの工程を経て、最後に、上司と部下とでマネジメントポイントと方法の合意形成をし、実行していきます。必要に応じて、上司、部下だけでなく関連する部署に対しても合意形成をしておきましょう。

合意形成ができたら、あとは実行するだけです。また、マネジメントの標準化ができたあとも、状況に応じて内容の精査や修正を続けていくことが大切です。

6 「センス」で片付ける営業マネジャーは成果が出ない

マネジメントの標準化の5つのステップをお伝えした上で、マネジメントの標準化がどのような活動なのかを理解してもらうために、営業活動に伴う「センス」の

問題点について言及しておきましょう。

よく営業の現場では「〇〇には営業センスがない」「もっと営業センスを磨け」などの会話が行われています。また、優秀な営業プレイヤーはセンスを称賛され、結果を出せない営業プレイヤーはセンスのなさを嘆かれます。

ただ、営業スキルが低いことを「センスがない」と処理してしまうと、具体的な改善策が見えてきません。営業マネジャーとしても「センスがない」という抽象的な言葉を使用することで、具体的な改善策から目を逸らしてしまっているのです。

そのように考えると、日常的に「センス」という言葉を使用している営業マネジャーは、自分自身のマネジメント力のなさを強調しているともとらえることができます。抽象的な言葉に頼るのではなく具体的な対応を指示することが、営業マネジャーには必要です。


マネジメントと営業の標準化においては、「センス」が何を指しているのか、トップパフォーマーやローパフォーマーの活動を分解し、再現可能なものにしていきます。

例えば「挨拶を終えてすぐ商談に入るのはセンスがない」と言うのではなく、商談プロセスを標準化し、挨拶のあとには何をするのか、どのようにするのか、などを具体的にしてロールプレイング、同行を通じて定着化させるように心がけることが大切です。

さらに、アイスブレイクという言葉の定義が定まっていない場合は「アイスブレイクとは、相手との緊張関係を解きほぐすためのオープニングトークのこと」など、事前に共有しておくことが求められます。

その上で「アイスブレイクでは〝共感の獲得〟を意識して○○の話をする。例えば……」というところまで落とし込んでおきます。そうすれば、現場の営業プレイヤーは「どのようなトークを」「何のために」すればいいのかがわかり、実践しやすくなるのです。

そうした認識の共有をしていないと、意味もなく天気の話をしてしまったり、自分の話ばかりしてしまったりすることになりかねません。共感を得られる自己開示には意味があるかもしれませんが、唐突に自分の話をするのは時間のムダでしょう。

そういった意味を理解せずに自然と会話のテクニックを駆使できる人もいますが、それをセンスのせいにしてはいけません。営業マネジャーは、センスと呼ばれるものを言語化し、共有し、身につけられるように工夫するべきです。

その土台となるものこそ、行動の裏側にある理由なのであり、理解に紐づいたテクニックとなります。

7 マネジメントの標準化における ティーチング、コーチング

マネジメントの標準化においては、ティーチングの仕方、コーチングの仕方も統一する必要があります。会社全体として営業プレイヤーへの教育の仕方を統一することも、マネジメントに含まれるためです。

まずは、ティーチングとコーチングの違いを理解しましょう。

ティーチングとは「教えること＝「Teaching」です。学校の先生が生徒に教える

ように、知識や経験が豊かな人から教わることにより、効率的に知識の習得、成長が得られます。カリキュラムも明確で一度に大勢の人を対象にすることができます。しかし一方で、自主性、自立性が育ちにくいというデメリットもあります。

コーチング（Coaching）とは、ティーチングのような一方的なものではなく、相手への問いかけを通じて、自発的に自身で持っている考えや視点に気づかせることで成長を促します。ティーチングに比べ、知識習得の効率の点では劣りますが、能動的行動や内発的動機を育むことができます。

【ティーチングが有効な例】

・対象者が能力、知識が一定に達していない
・緊急性が高い

【コーチングが有効な例】

・対象者にある一定の能力、知識がある
・重要度が高く、緊急性は低い

例を挙げると、新入社員や経験の浅い社員に対してクレームなどで相談があり、緊急であるにも関わらず、コーチングで「どのように対応したら良いのか自分で考えてみろ」と問いかけても、考えを引き出すことは難しいのです。

このように、それぞれの特徴からティーチングとコーチングを組み合わせて使い分けることが重要です。経験、入社年次、スキル、緊急性を考慮し、どのように育成・指導していくのかを標準化していきます。

8 マネジメントとしての「時間管理」のあり方

マネジメントの標準化において欠かせない「時間管理」についても触れておきましょう。ルール設定の中でも、特に時間の使い方をどのように評価し、管理していくのかという視点は、非常に重要となります。

人に与えられた時間が1日24時間であるように、営業プレイヤーに与えられた「活動時間」も、あらかじめ決められています。成果をあげられるのならいくら時間をかけてもいいわけではありません。時間内に成果をあげることが求められます。

その点、どの時間帯でどのような活動をするのか、しないのかを決めておくことも、マネジメント標準化につながります。

成果を出している営業マネジャーのSFAの使い方のところでは、営業マネジャーの時間の使い方について書きましたが、営業プレイヤーに対しても、部署ごとに若干の違いはあるかもしれませんが、「時間帯」というおおよその範囲で区切り、行動内容を定めておくことが大切です。

各営業プレイヤーがどのような時間の使い方をしているのかを把握することが大事です。朝9時に出社して、何も考えずに事務処理をはじめる営業プレイヤーがいたら、それを注意できる基準が必要なのです。

できる営業プレイヤーからすれば「朝から事務処理をするなんて時間のムダだ」と自然に思えるかもしれませんが、そうでない人は「とりあえずメールチェックだけしよう」と考え、午前中を生産的に使えないケースが少なくありません。

そのような状況を改善するために、営業マネジャーは時間の区切りを設けつつ、どのような時間にどのような行動をとるのが最善なのかを伝える必要があります。そうした過程を経て、営業プレイヤーのムダを削っていくのです。

営業プレイヤーの裁量が大きい企業ほど、行動を管理しようとする反面、各人の時間の使い方を放置してしまっているものです。しかし、正しい時間の使い方がわからなければ、結果的に正しい行動を取ることは難しくなるのです。

その前提に立って考えると、営業マネジャーは時間の使い方についてもマネジメントするべきです。おおまかに時間を区切っておけば、行動が完全に制御されることにはならないので、一定の自由度を保つこともできます。

もちろん、取り扱う製品・サービスによって営業のコアタイムは異なるため、そうした事情を踏まえて最適な時間の使い方を模索する必要はあるでしょう。現場の営業プレイヤーからのヒアリングをベースにすることが求められます。

9

適切な営業の標準化で離職率が下がる

適切な営業の標準化は、全社的な営業成績の向上に貢献します。営業手法やマネジメントの内容が標準化されることで、現場で働く営業プレイヤーに迷いがなくなり、営業活動の底上げが実現できるためです。

さらに、会社として喜ばしいのは、標準化することによって離職率の低下にもつながるという点です。事実、サイエンス・マネジメントを通して営業資料・ツールの標準化・マネジメントの標準化を行った企業では、離職率が低下する傾向にあります。

その理由は、営業成績が向上する理由でもある、〝営業プレイヤーの迷いがなくなる〟という点に尽きます。サイエンス・マネジメントを実施することで、現場で働く営業プレイヤーの迷いがなくなり、のびのびと働けるようになるのです。

特に優秀な営業プレイヤーほど、「いちいち他の社員に質問したくない」と考えているものです。あらかじめ明確なルールが定められていれば、上司や同僚に質問することなく、仕事を進めることができます。迷う必要はありません。

些細なことでも聞かなければならないのは、その都度ちょっとした手間が発生することとなり、ストレスの原因になるのです。〝暗黙のルール〟などがある企業も多いですが、そういったものに馴染めないために、離職が発生するケースも少なくありません。

一方で、標準化を通じてサイエンス・マネジメントを導入している企業では、事実をベースに合意形成が行われています。お互いに合意しているため、標準化されたことをそのまま行えばいいだけです。

また、マネジメントポイントについても共有されているため、「どこに注力すればいいのか」「どこの数字を上げればいいのか」も理解しやすくなります。その結果、結果につながりやすい行動が自然ととれるようになるのです。

離職率が高い会社は、社員が不満を抱えています。そしてその不満は、小さなストレスが原因になっていたり、あるいはルールがないことによる迷いが根底にあったりするものです。そうした離職につながる要素を排除しておけば、離職率は自然と低くなります。

加えて、合意形成に力を入れているという点も大事です。合意がないまま上から降ってくる指示に従っていると、納得できないこともあるでしょう。理不尽さを感じてしまえば、その会社を離れたくなるのも無理はありません。

他方で、営業プレイヤーの自由にさせればいいのかというと、そうではありません。何らチェックをせず、いわゆるノーマネジメント状態にしている営業マネジャーもいますが、それは怠慢でしかありません。責任の所在も不明瞭になりますし、結果主義に陥りかねません。

◆サイエンス・マネジメントで離職率が10分の1になった

やはり、サイエンス・マネジメントを導入し、営業の標準化を実施していくことが大事です。特に、マネジメントが標準化されている会社は、営業プレイヤーの迷いがなくなり、不満が減っていく傾向にあります。

例えば、ある中堅のＳＩ企業は、かつて離職率が10％に迫る勢いでした。中途社員も新入社員も、入社してから3年以内にほとんどが辞めてしまっていたのです。残るのは古参の社員ばかりでした。

そのような状態では、社内の新陳代謝を図ることができません。世代交代もできないでしょう。しかしそのような企業が、サイエンス・マネジメントを導入することによって標準化を実現し、成績が向上しただけでなく、離職率は1％以下にまで減少したのです。

その理由としては、やるべき業務が明確になったこと、さらには迷わなくなったことなどが挙げられます。しかも、営業組織として、中途社員や新入社員を戦力化しやすくなりました。

既存社員、特に変化を嫌うベテラン社員からの抵抗はありましたが、目標、目的などの確認から「何が活動の阻害になっているのか」の事実をベースに、丹念に合意形成した結果、賛同を得て最大の協力者になってくれました。

このようにサイエンス・マネジメントは、離職率の低下という側面でもプラスの効果を発揮しているのです。

10 優秀な営業マネジャーはマネジメントポイントに優先順位をつけている

営業の標準化について理解した上で、次に、マネジメントポイントについて掘り下げていきましょう。

そもそもマネジメントポイントとは、各プロセスにおける定量的・定性的なチェックポイント、つまり〝マネジメントのポイント〟のことです。マネジメントポイントは、セールスプロセスを標準化した上で設計するのが特徴です。

あらためて、第2章でも紹介している図を見てみましょう（61ページ参照）。

これは「アプローチ」プロセスにおけるテレコールの例ですが、「コール数」「キーマンコンタクト数」「アポイント獲得数」「初回訪問数」「キーマンコンタクト率」「アポイント率」「初回面談率」など、アプローチのプロセスだけで数多くのポイントが存在します。すべてに意味がありますが、重要なのは、すべてのポイントに対処することではありません。

優秀な営業マネジャーは、マネジメントポイントに優先順位をつけ、SFAのダッシュボード機能などツールを使い、効率的で効果的なマネジメントをしています。加えて、マネジメントの流れも明確にしています。

例をあげると、

【アポイント率が基準に対して高い（基準に対して＋○％以上の差がある）場合】

①キーマンの定義はあっているか↓認識の確認

②オーバートークはないか↓モニタリング、ロールプレイングでの確認

③目的をずらしたアポイントになっていないか↓モニタリング、ロールプレイングでの確認

【アポイント率が基準に対して低い（基準に対して－△％以上の差がある）場合】

①「ネガティブな反応に対して対応」はできているか↓モニタリング、ロールプレイングで確認して、指導

②ターゲットリストは間違えていないか↓SFAで確認

というように、他のチェックポイントを見る流れを決めておくのです。マネジメントポイントの優先順位、基準を決め、「数値が高い」「数値が低い」などの場合に見るべきポイントも決めておく。それが、標準化されたマネジメントにつながるわけです。

ここで重要なのは、〝感覚的なチェックと指導を排除する〟ということに他なりません。

標準化されていない組織の営業マネジャーは「もっとうまくやろう！」「トークを工夫しなさい！」などと、感覚的なチェックと主観的なアドバイスが中心となります。

しかしそれでは、営業マネジャーの属人的なスキルに頼ることとなり、人によって指導内容やアドバイスも異なってくるため、現場の営業プレイヤーは不満を抱きやすくなります。やはり、マネジメントポイントをきちんと設定し、優先順位をつけて対処していくことが求められます。

11 トップパフォーマー、ローパフォーマーの行動を分析、最適な標準モデルを共有する

営業活動をより効率的にするために、結果を出している人の行動を観察し、分析することは改善の近道となります。

事実、トップパフォーマーのトーク内容や話し方、立ち居振る舞いなどを分析し、カスタマイズしながら自らの営業活動に応用することで、高い成果をあげている人もいます。自分自身の経験から学ぶのではなく、先人から学ぶという姿勢です。

現状、トップパフォーマーとして活躍している人の多くは、そのようにして先人からの学びを得ているものです。机上でウンウン考えるのではなく、結果を出している人の所作を真似することが、成果への近道であることは間違いないでしょう。

そもそも「学び」という言葉は、「真似び」という言葉が由来であると言われています。つまり、営業活動の学びを得るということは、優れた営業プレイヤーを真似することでもあるのです。そこに、効率的な改善行動の根幹があります。

営業プレイヤーであれば、誰しも「ロールプレイング」を経験したことがあるでしょう。ロールプレイングとは、特定の営業シーンを想定して、実際にその場にいるかのように振る舞うことで、ロール（役割）をプレイ（演じる）することを指します。

そうすることで、実際の営業シーンでも適切な行動がとれるようになり、得られる結果が向上します。要するに、確率が高まるということです。そのためロールプレイングは、あらゆる営業活動の研修で行われています。

しかし、ただロールプレイングをすればいいわけではありません。その前提として、トップパフォーマーとローパフォーマーの営業活動を分析し、分解、標準化した最適な営業モデルの存在があります。

サイエンス・マネジメントにおいて重視されるのは、やはり再現性です。再現性を高めるという意味においては、「どのような理由で」「どのような改善を行い」「その結果どのように変化したのか」を説明できる状況を構築しなければならないのです。

そのときにキーとなるポイントこそ、マネジメントポイントです。マネジメントポイントをチェックし課題、問題を特定し、現場の営業プレイヤーにも理解してもらった上で、ロールプレイングを経て、面談スキルが改善していくのです。

ですので、マネジメントポイントは、すべての営業プレイヤーと共有する必要があります。これは感覚をドキュメント化することの一環と言えるでしょう。

もちろん、営業の標準化をして合意形成しても、すべての営業プレイヤーが実践するわけではありません。中には、わかっているのにもかかわらず、見てないところでは、自分のやり方に固執し、成果を出さない営業プレイヤーも出てきます。

そこまでくると人間性の問題となります。結果を出すための行動がわかっているのにそれをしないのであれば、厳しい評価が下されても仕方ありません。そのような仕組みを提供してはじめて、営業プレイヤーのポテンシャルを正しく計測できるはずです。

12 成果が継続するサイエンス・マネジメントの逆算思考

受注のサイクルから逆算し、どのように営業プレイヤーの行動を最適化するべきかを考えることは、サイエンス・マネジメントの視点からも重要視されています。逆算思考は行動のムダをなくすための最善策であるためです。

基本的に、結果を出していない営業プレイヤーはムダが多いものです。準備ばかりしていて行動しないというのは論外ですが、準備に時間をかけすぎるのもまた、非効率につながります。石橋を叩きすぎる営業プレイヤーは、チャンスを逃しやすいのです。

そうではなく、求められる結果から逆算し、より素早く効率的な行動へと落とし込んでいくことが、結果を出す営業プレイヤーへの近道となります。そうした認識もまた、サイエンス・マネジメントの一環と言えるでしょう。

例えば、自治体が顧客となる営業組織の場合、アプローチのスパンを通常より長く見積もっておく必要があります。受注のサイクルから逆算して、おおむね2〜3年くらいかかることを想定しつつ営業活動を行うべきでしょう。

一方でオフィス機器などは、切り替えのタイミングなどでアプローチをかければ、即受注につながるケースも少なくありません。このように、営業モデルが異なれば受注のサイクルや逆算して行動するべき内容も変わってきます。

◆マネジメントのポイントは商材の特性によっても変わる

また、営業モデルの違いだけでなく、商材によっても見るべきポイントが変わってきます。

例えば、インターネット回線の契約を受注する企業であれば、単純に獲得した契約数だけで評価することはできません。契約したあとに設置工事やプランの変更など、顧客満足につながる要因が絡んでくるためです。場合によっては「受注率が高すぎる＝強引な営業を行っている」とも考えられ、あとからキャンセル率の高さに苦しむケースもあります。

そのような商材の特性も見極めた上で、マネジメントポイントを設定することが大切です。その商材がどのような流れを経て販売まで至るのか、さらにはどこに受注およびキャンセルにつながる要素があるのかを知り、分析することが求められます。

そのときに役立つのは〝仮説〟です。すべての受発注を詳細に分析することは現実的ではありません。そのため、トップパフォーマー、ローパフォーマーの行動を分析し、重要だと思われる行動を見極めた上で仮説を立ててみる。そしてそれを検証します。

営業マネジャーの行動としては、標準化された営業モデルを営業プレイヤーに定着させたあと、同行営業、ロールプレイング、セールスレビューをくり返しながら「仮説→検証」を経ていきましょう。

例えば、キャンセル率の高さと受注率の高さが比例している場合、「免責事項をきちんと伝えていないのではないか？」という仮説を立て、同行営業で検証します。

免責事項を適切に伝えることで、キャンセル率が下がれば仮説が正しいことになります。

もちろん、仮説の正しさをすぐに検証できるとは限りません。そのため営業マネジャーは、仮説・検証の過程をしつこくくり返しながら、ロールプレイングも行いつつ、見極めていく必要があります。

13 いかに感覚を「ドキュメント化」できるか

マネジメントポイントを設定し、マネジメントの標準化を行う際のポイントとは「感覚をドキュメント化する」ことにあります。営業活動によってもたらされる成果が日々の行動の蓄積である以上、より多くの成果をあげるには、行動を最適化しなければなりません。

ただ、「行動を最適化する」と言葉にするだけなら簡単なのですが、実行に移すのは至難の業です。人間はそれぞれ思想や考え方、行動様式などが異なっているためです。

そこで必要となるのが、管理者による管理（マネジメント）なのですが、その管理の内容は、同一組織内において可能な限り一律であることが求められます。たとえ管理体制が整っていたとしても、営業マネジャーごとに指示の内容や方策が異なっていれば、現場の営業プレイヤーは混乱してしまいます。

そのことが、営業プレイヤーの迷いにつながり、結果的に成果の出ない組織となってしまうわけです。迷いをなくすことの重要性は、これまでくり返し述べている通りです。

そう考えると、営業マネジャーは自らの言葉に責任を持たなければならないことに加え、あらかじめ社内で指示の方向性や方針を統一しておかなければなりません。すなわち、感覚的なマネジメントを言語化し、齟齬が生じないように維持・管理することを意味します。つまり、マネジメントポイントを明確にし、マネジメントを標準化するというのは、突き詰めると「感覚をドキュメント化する」ことに他なりません。

◆感覚のドキュメント化で暗黙知を減らし、形式知を増やす

感覚をドキュメント化するとは、共通の指示ができるような準備としての言語化をすることであり、過去の成功体験や既成概念を捨て、本当にやるべき行動にフォーカスすることでもあります。

例えば、「きれい」という言葉があります。営業現場であれば、「きれいな服装で商談に臨もう」「常にきれいな資料を用意するようにしよう」などと指示することもあるかと思いますが、その場合の「きれい」とは具体的に何を意味しているのでしょうか。

人によっては、「きれいな服装＝シワのないスーツ」であると認識しているかもしれません。しかし、他の人は「きれいな服装＝スーツであれば何でもいい」と考えるかもしれません。そこには言葉の定義がなく、認識のズレがあるわけです。

認識のズレがある以上、感覚的なコミュニケーションが行われていることは否め

ません。きちんと感覚をドキュメント化していれば、認識の齟齬を埋めることは可能であり、コミュニケーションの精度もより高められます。

感覚的に営業管理を行っている営業マネジャーは、営業プレイヤーの評価もまた感覚的です。感覚的であるということは、属人的なスキルに頼っているということであり、再現性が乏しいというマイナス面があります。

くり返しになりますが、営業管理で求められるのは、安定的に高い成果をあげることです。そのためには再現性が不可欠であり、かつ、誰が管理しても一定の成果をあげられる仕組みづくりが欠かせません。

そしてそのために必要なのが、感覚をドキュメント化すること。暗黙知をなくし、形式知を増やしていく過程に、マネジメントの標準化に至る道筋があるのです。

14 数値に対する感覚に基準を設定する

マネジメントポイントを明確にし、マネジメントの標準化を行っていく過程では各プロセスにおける基準値を作成する必要があります。

基準値は、モデル営業プレイヤーを使って作ります。商品、サービス、営業手法、エリアによっても変わります。組織として、各プロセスにおけるさまざまな数値に対する感覚を揃えていく必要があります。基準値を使って揃えていくのです。

基準値を設定した場合に営業マネジャーとして重視したいのは「異常値」です。異常値に着目することによって、結果を出せていない原因やその根本的な理由を明らかにすることができます。

異常値とは、モデル営業プレイヤーを使ってテストセールスを経て作った基準値に対し、かけ離れた数値などがあてはまります。誤差レベルの数値であれば問題ありませんが、明らかに低すぎる場合や明らかに高すぎる場合は、どこかで問題が発生していると考えるべきです。

このときに大事なのは「異常値が発生したらどのようなアプローチをとるのか」を明確にしておくことです。異常値に対し、各営業マネジャーが個別に対処法を考えていたら、それはマネジメントの標準化とはなりません。

あらかじめ異常値が発生した場合を想定し、そのときにどのような対策をとればいいのかを決めておくことが、マネジメントの標準化につながります。

15

マネジメントポイントが決まってない現場では何が起きるのか

ここまでお読みいただいた方の中には、「マネジメントポイントはそれほど明確に決めておかなくてもいいのではないか?」「ある程度、各営業マネジャーの裁量に任せてもいいのではないか?」と思う方もいるかもしれません。

では、マネジメントポイントが決まっていない現場では、どのようなことが起きるでしょうか。

マネジメントポイントを設定していないと、最終結果（売上）だけで良し悪しを判断することとなりかねません。その結果、本質が見えなくなってしまうのです。マネジメントにおける本質は、数値にあるのではありません。数値の裏側にある「なぜ、そうなったのか？」「問題の真因はどこにあるのか？」という発想であり、数値はそのためのヒントでしかありません。

しかし、大企業や優良企業においても数値だけのマネジメントが横行しています。マネジメントポイントが設定されておらず、数値しか見ていないため、営業組織の根本的な改善が行えていないのです。

本来であれば、マネジメントポイントを明確にし、優先順位を決めて、スケジュールにも配慮した営業組織の改革をしなければなりません。それこそ、サイエンス・マネジメントの要諦であり、営業の標準化なのです。

いくら数字を見ていても、その数字をどう評価し、どのような指導につなげていくのかが統一されていないと、結果的に属人的なマネジメントをすることになります。定性的な評価も同様で、主観に基づくマネジメントは成果のブレにもつながります。

だからこそ、マネジメントポイントを設定しなければならないのです。

16 気をつけるべきこととは？

本章のまとめとして、営業の標準化（営業資料・ツールの標準化とマネジメントの標準化）、マネジメントポイントについて、注意しておきたい点を確認しておきましょう。

まずは「定着化」についてです。第3章で紹介した「サイエンス・マネジメントの9ステップ」でも見てきたように、営業の標準化においても、大切なのは改善行動を現場に定着化させることです。

どんなに優れた活動も、継続的に行わなければ効果は得られません。サイエンス・マネジメントもまた、定着化することによって、本質的な営業現場の改善をもたらします。その点において、定着化は非常に重要です。

定着化を実現するために必要なのは、継続的な定点観測に他なりません。「すでに定着化できている」と安易に判断するのではなく、たとえ実践できていると思っても、継続的にチェックしていくこと。そのような姿勢が大事です。

2つ目の注意点は、チェックする際に、〝悪すぎる要素〟だけでなく、〝良すぎる要素〟にも着目するということです。例えば、「アポイント率が低すぎる」場合だけでなく、「アポイント率が高すぎる」場合にも原因を掘り下げる必要があります。具体的には、「面談目的が合意されていないのではないか?」「面談アポではなく挨拶アポになっていないか?」「アポイントの定義にズレが生じていないか?」などをチェックし、必要に応じて是正していきます。

定量的な異常から定性的な間違いを見つけられることは多いです。そのとき、少なすぎる要素にばかり注目してしまいがちですが、多すぎる（結果が出ている）ケースにも目を配り、その原因を探っていきましょう。

3つ目の注意点は、「きちんと現場も見る」ということです。営業マネジャーによっては、ロールプレイング、SFAだけで行動の正否を確認している人もいますが、実際の現場でできていなければ意味がありません。その点、現場のチェックは必須です。

また現場を見る際には、あらかじめ告知してもいいのですが、抜き打ちでチェックするのも効果的です。事前に伝えることなく、急に同行することによって、いつもと同じ行動を観察できます。事前準備、面談プロセス、内容まで、本番でチェックしましょう。

4つ目の注意点は、「仮説を持ってチェックする」ということです。営業マネジャーは「なぜ、このような結果になるのか？」という問いに対し、過去のデータや経験値をもとに、自分なりの仮説を持っておかなければなりません。

例えば、アポイント率に異常がある場合は「スクリプトが徹底できていないのではないか？」「キーマンにアプローチできていないのではないか？」「アポイントの目的を間違えているのではないか？」など、原因になるであろう仮説を考えておきます。

ある程度の経験がある営業マネジャーであれば、受注率が低い場合でも「アポの取り方」「リストの質」「キーマンの定義」「営業ツール」というように、いくつかの要因を思いつけます。そこから仮説を立てて原因を探れば、スムーズに対処できます。

マネジメントポイントをベースに改善行動をとっている営業マネジャーは、こうした一連の改善行動が非常に早くなります。そして、そのような優秀な営業マネジャーのやり方を社内で標準化していれば、自然と生産性も高まります。

第5章

サイエンス・マネジメントの実践例

営業現場が劇的に変わった！

1 営業コンサルティングで現場を改善する流れ

第5章では、サイエンス・マネジメントによって営業現場にどのような変化が生じるのか、実例とともに見ていきましょう。

その前提として、営業コンサルティングで現場を改善する際の具体的な流れについて、簡単に紹介しておきます。

営業コンサルティングの流れは、新任の営業マネジャーが赴任し、営業部にサイエンス・マネジメントを導入する流れと同様です。第3章の、営業現場改善のための9つのステップが基本となります。

まずは最初に企業よりご相談を受けます。大抵の相談内容は「数字が上がらなくて困っている」「営業部の成績が芳しくない」という表層的なご相談が中心です。

そのとき、経営者や役員に対して目標や実績のヒアリングも行います。客観的事実として「どうして数字が上がらないのか?」「なぜ目標と実績に差があるのか?」

をどれくらい把握しているのか、確認していくわけです。つまり、ギャップや課題感の確認です。

実際、ヒアリングをしてみると、経営者や役員、あるいは現場の営業マネジャーから「うちの営業プレイヤーはスキルが低くて……」「うちの商品・サービスが弱いのかもしれません……」などと言われることも多いのですが、その大半は本質的な原因ではありません。

事実、現場調査を進めていくと、営業のやり方が統一されていなかったり、マネジメントが機能していなかったりなど、改善するべき根本原因が別のところにあるとわかります。客観的事実から、それらを明らかにしていくのです。

ちなみにこの段階では、営業プレイヤーや営業マネジャー、営業事務を含めて、可能な限りすべての人と面談します。ただ、1人あたり30分が目安となるため、総人数が数百人を超える場合は、人員を絞ってヒアリングしていきます。

例えば、トップパフォーマー、ローパフォーマー、営業マネジャー、事務員というジャンルごとに、経営者や役員からヒアリングした内容をもとに課題・問題が隠れていそうな点の仮説をして選定し、面談します。また営業プレイヤーに対しては、ロールプレイングや営業先に同行して調査を行います。

特に「なぜ売れないのか？」「どこに阻害要因があるのか？」という点については、営業同行で確認できることが多いです。ともすれば「うちは商品力がないから……」という言い訳をしてしまいがちですが、そうではない〝真因〟を営業同行で探っていくのです。

その後、営業プレイヤーの業務内容や役割についても確認し、業務量や行動についてもチェックしつつ、「スキルが足りない」という言葉の本質について見ていきます。大抵の場合、スキルというよりは時間の使い方や方法論が間違っているものです。中には、単に行動をしていないだけのケースもあります。

ちなみに時間の使い方については、5分単位で見ていきます。どのくらいの分量の仕事を、どのくらいの時間をかけて処理しているのかを知れば、それが適正かどうかもわかります。ローパフォーマーも、ただ雑用に追われているだけなのかもしれません。

さらに、管理している数値や内容についてもチェックします。どのような点を見て、どのようなツールを使い、どのように管理し、どう評価しているのかを見ていけば、その会社におけるマネジメントの現状もわかってきます。

活動内容もマネジメントもかなり詳細までチェックしますが、それによって会社の実情が見えてきます。問題が特定され、阻害要因がわかり、どのような施策が効果的なのかも判断できるようになるのです。

現場調査で課題・問題が浮き彫りになったあとは、それらの課題・問題に対して対応策や解決策となる手段を検討・合意して進めていきます。その際、解決策の手段として弊社のコンサルタントが営業マネジャーとして出向したり、営業の標準化などの仕組みを構築したり、営業プレイヤーの業務を代行したりすることもあります。

その後、対応策に従ってテスト運用したあとは、効果検証・ブラッシュアップをくり返ししていきます。このような過程を経て、サイエンス・マネジメントが実現されていきます。

営業コンサルティングの実施内容と実施後の全体の流れを踏まえた上で、次項から具体的な事例を見ていきましょう。

紹介するのは、さまざまな業種・業態の企業5社です。サイエンス・マネジメントによって、それぞれの企業がどう変化するのか、注目してみてください。

2 事例① 大手ＳＩ企業

1社目は、大手ＳＩ企業の事例です。

この会社は、営業プレイヤーだけで数千人規模の大企業ということもあり、営業組織が役割に応じて細分化されていました。しかし、営業マネジャーによるマネジメントの標準化はできておらず、至るところに〝迷い〟が生じていたのが実情です。

古くから働いているベテラン営業プレイヤーは属人的な営業活動を行い、そのような先輩営業プレイヤーの姿を見ている若手営業プレイヤーは、同じように行動して結果を出そうとするものの、さまざまな場面で迷いが生じている状況だったのです。

コンプライアンスを厳守するルール・管理体制はしっかり規定されているものの、営業活動における正しい行動が規定されておらず、また明確でもなかったため、現場の営業プレイヤーは属人的に行動するしかありませんでした。実力のあるベテラン営業プレイヤーはそれでいいかもしれませんが、そうでない人は右往左往することになりかねません。

また、プロセスマネジメントにおいては、定量的なプロセスの計測はしていても活用はされておらず、成果を出す上で必要不可欠なプロセスの計測がされていない状態。定性的には個々人に任されていたため、実績にはバラつきが目立ちました。売れている営業プレイヤーは全体の2割で、その他8割の営業プレイヤーは赤字の状態でした。

そこで、弊社が営業コンサルティングに入り、まずはマネジメントポイントを精査することからはじめました。必要不可欠なプロセスの計測できる仕組みづくりと各プロセスの定性的な要件、それらのチェックの仕方や指導方法、目標設定の適正化も含めて、全社的に標準化することにしたのです。

さらに標準化した内容を、モデルとなる営業プレイヤーをもとに実践から測定し、計数および所要時間の基準を作成。最終的にはマネジメントの標準化を行いました。このようにして徐々に、サイエンス・マネジメントを浸透させていったのです。

コンサルティングをはじめてから6ヶ月後、赤字社員だった8割の営業プレイヤーのうち、6割を黒字化させることができました。全体としては昨年対比21％の増益となります。

また、新入社員の立ち上がりが早くなり、戦力化が早まったという声も聞かれています。加えて、若手営業プレイヤーや中途社員の離職率も減少するようになり、まさにサイエンス・マネジメントにおけるプラスの効果が各方面から出てきた形です。

3 事例② 食品卸売業

2社目は、大手の食品卸売業者の事例です。

この会社も、マネジメントの標準化ができていないために苦労していました。営業プレイヤーは属人的に行動し、各支店の各営業プレイヤーが個人事業主のような働き方をしていました。このような「俺は俺」「うちはうち」といった営業組織は少なくありません。

たとえインセンティブが付かなくても、昔ながらの体質が引き継がれている会社の中には「俺のやり方はこうだ」「俺はこんな資料を使っている」などと、属人的なやり方で結果を出すのが普通であるという認識が一般化しているところもあります。

しかしそれでは、組織としての利点が十分に得られないと言わざるを得ません。同じ看板を背負っているだけで、営業マネジャーとしての機能は果たされておらず、マネジメントが行き渡っていないのです。

また、目標設定やプロセスマネジメントはそもそも存在せず、支店長が本社から与えられる目標金額を支店内の営業プレイヤーの頭数で配分し、各営業プレイヤーへ目標金額を伝達するだけでした。そのため、支店長は「目標が達成した」「目標達成していない」と結果をあと追いするだけとなってしまいます。

その結果、数字を出している人には「Aさんは数字を出しているからOK！　がんばっているな」「Bさんは数字が足りないから、やる気が足りない。もっとがんばれ！」という根性論に終始することとなってしまっていたわけです。

しかし、数字を出しているAさんにしてみても、その中身を精査してみなければ、十分な働きをしているかどうかわかりません。優良顧客を掴んでいるために、たまたま結果が出ていただけかもしれないのです。もしかしたら、倍以上の成績をあげられる可能性もあります。

一方でBさんも、適切な指導をすれば結果を出せる可能性もあります。阻害要因を明確にし、営業マネジャーが率先してその阻害要因を排除すれば、結果は変わってくるはずです。また、やり方が間違っているのなら、合意形成を経て是正する必要もあります。

加えて、達成までのプロセスを分解し、より細かく見ていく必要がありました。また、対象顧客やエリア、商圏によっても、アプローチ数や受注率などの目標数値を微調整しなければなりませんし、少なくとも大雑把な数字を単純に比較するだけではうまくいきません。

特に老舗企業でもあったこの会社の場合、優良顧客を抱え込んでいるベテラン社員もいたため、個人で持っている情報を社内で共有させました。インタビューを通じて、各人がどのような顧客や情報を持っているのか、どのような動きをしているのか、精査していったのです。

売れていない営業プレイヤーCさんの場合、ルートセールスが基本で特定の顧客へ週2～3回訪問するなどの営業活動をしていました。

しかし蓋を開けてみると、定期的に訪問している特定顧客は月間の発注金額が数百円で、追加の発注も見込めないポテンシャルの低い顧客だったのです。Cさんは、単に話しやすく仲の良い、いわゆる〝行きやすい顧客〟ばかりに時間を使い、赤字の営業活動ばかりをしていたこともわかってきました。

これらのことから「ルールの整備（顧客ランクに応じたルール）」「営業資料・ツールの標準化」「マネジメントの標準化」「各エリアの基準値査定」「新規営業モデル・ルート営業モデルの構築」「営業ソリューション研修」などを実施しました。

実施結果としては、新規顧客開拓数が昨年対比で65％の増加、売上も37％の増加となり、飛躍的な成長を遂げることができたのです。営業組織は大きく変わり、まさに結果を出せる営業部隊へと生まれ変わりました。

4 事例③ 大手インフラ会社

3つ目は、大手インフラ会社の事例です。

この会社では、全国に数千名以上の営業プレイヤーがおり、各支店に配属されています。それぞれ営業活動を実施しているのですが、営業自体をしたことのない営業マネジャーも多く、営業そのものに対する「判断軸」がないため、営業のやり方も進め方も各営業プレイヤー任せとなっているのが実情でした。

特に売れていないチームの営業マネジャーは、営業活動そのもののマネジメントではなく、営業実績の取りまとめや勤怠管理、コンプライアンス管理が主となっていました。つまり、全社的に営業成績を向上させるための動きにはなっていなかったのです。

また、定量的なプロセスマネジメントは営業支援の部署が担当していたものの、数値を計測・集計して営業マネジャーに提供するのみとなっていました。たとえ数値を計測・集計し、提供していても、活用できなければ意味がありません。

事実、売れていないチームの営業マネジャーは、提供された数字をどのように活用すればいいのかわからず、結局、各プロセスへの〝移行率の高低〟が評価の対象になっていました。ただ、移行率だけ見ていても根本的な改善にはつながりません。

その結果、売れている営業マネジャーと売れていない営業マネジャーのチーム間において、成果のバラつきが生じていたのです。こうした事例は、他の営業組織でもよく見られます。特に「プロセスマネジメントはすでにしています」とおっしゃるところに多いです。

あらためてプロセスマネジメントの定義をおさらいしておくと、売上や利益といった結果だけでなくプロセス（過程）を重要視したマネジメントのことです。定量的・定性的にプロセスをマネジメントしていくのがポイントです。

プロセスマネジメントを単なる「各プロセスの数値管理」と間違って認識しているケースは非常に多く、またこの事例のように、マネジメントの基準や数値の見方、指導方法が曖昧ということもよくあります。

しかし、プロセスマネジメントは、各プロセスにおける問題発見のために行うものです。単純に進捗管理だけをして「受注率が低いからスキルが足りていない」「見込の案件数が足りないぞ！」と指摘するだけでは、いつまで経っても阻害要因を取り除けません。

そこで、弊社の営業コンサルタントが現場に常駐しました。営業プレイヤーごとにバラバラであった営業のやり方を、売れている営業プレイヤーのやり方に統一。さらに、統一した営業のやり方をモデルとなる営業プレイヤーで実践し、結果を計測。計測したあと、統一した営業モデルにおける各プロセスの指標を策定しました。

そうした経緯を経て明らかになったのは「統一したやり方で何件コールすると、何％の確率でアポイントを取得できるのか」「何件商談すると、何％で受注に至るのか」など、成果につながる具体的な情報です。

それらの指標をもとに、営業プロセスにおいて「いつ」「誰が」「どのように」「どうなったら」「何をする」といったマネジメントポイントを策定し、各営業マネジャーへ展開していきました。


マネジメントの標準化を実施すると、売れていないチームの営業マネジャーも、本来やるべき営業マネジャーの役割を理解できるようになります。また、営業未経験の営業マネジャーもベテラン営業プレイヤーに対して、「判断軸」をもって指導することができます。加えて、決められたマネジメントポイントを見ることで、チームごと・営業プレイヤーごとの成果のバラつきが減少しました。

最終的な結果としては、導入からわずか6ヶ月で、売上が前年対比33％増加しています。

さらに、営業マネジャーと営業支援部署とのコミュニケーションの質も変わり、PDCAを推進しやすくなりました。営業支援部署は数値の計測・集計だけでなく、結果をもとに営業マネジャーと新たな営業施策や手法の創出にも取り組めるようになっています。

このように、マネジメントを標準化していくことで、営業マネジャーおよび営業プレイヤーが本来の力を発揮できるようになり、成績向上と改善という好循環が生まれるのです。

5 事例④ 大手クラウド型ICTサービス提供会社

4つ目は、クラウド型ICTサービス提供会社の事例です。

これまでに紹介した3つの事例は、すべて元々の営業組織を、営業コンサルティングを通じて改善したものでした。

一方でこちらの事例は、営業組織を持っていない企業に対し、1から営業部を作った事例になります。

この会社では元々、特定の企業からの下請けが中心だったため、営業部を持っていなかったこともあり、営業に関する基本的な戦略・戦術を有していませんでした。事業としての構想はあるものの、所属する社員には営業経験がなく、どう売ればいいのかがわからない状態だったのです。

技術力が高く、商品やサービスを開発することに注力している企業には、こうしたところは少なくありません。そのような企業では、営業部そのものをアウトソーシングしたり、1から立ち上げたりして対処することとなります。

ただ弊社の場合は、単純な営業のアウトソーシングを受けるというわけではありません。営業戦略の立案からスタートし、その会社に合った最適な営業が行えるよう、根本的な営業環境の整備を行っています。

営業コンサルティングの依頼を受けていると「営業プレイヤーだけ出してくれればいい」と言われることも多いのですが、それだけでは中・長期的な営業成績の向上にはつながりません。やはり、戦略の段階から整備していく必要があります。

具体的には、営業の戦略・戦術を立案し、具体的な営業のやり方を標準化しつつ、作成した営業モデルに基づいてテストセールスを行いました。初期段階では、他社の営業アウトソーシング部隊も入っていたのですが、弊社との実績の差が顕著となり3ヶ月後には弊社単独の営業部となりました。

いくら営業力のある人材を入れても、ベースとなる戦略や戦術に基づいた営業の標準化、営業モデルがなければ、継続的に結果を出すことはできません。その商材に対する営業全体の設計と販売経験がなければ、過去の実績も意味は成さないでしょう。

弊社が入ってからは、あらためて営業モデルを設計し直し、営業資料・ツールの標準化やマネジメントの標準化を進めていきました。そして、構築した営業モデル（戦術）をテストしつつ、結果の出る営業組織を作り上げていったのです。

その結果、赤字続きだった業績も黒字化し、収益化のフェーズに入ることができました。3年で2000件という目標も4500件という形で達成し、業界内でのシェアはナンバー1にまで成長。これからが楽しみな企業となっています。

6 事例⑤ ITベンチャー企業

5つ目は、ITベンチャー企業の事例です。

こちらは50名未満のベンチャー企業で、これまでの事例の数百人、数千人の規模の会社とは異なり、さらに所属している社員の大半がエンジニアでした。そのため「事例④」で紹介した企業のように、営業のノウハウが社内になく、どのような営業戦略・戦術を立てればいいのかもわからない状態でした。

そこでこの会社では、弊社へ依頼する前に、ある人材紹介会社からターゲットの業界に精通している営業部長を採用したのです。大手企業で活躍した経験のある1000万円クラスの営業部長を、自社の営業マネジャーとして迎え入れ、営業組織を作ろうと考えたようです。

しかし、大手企業で営業部長をしていた人が、新しい組織や環境で必ずしも活躍できるとは限りません。大手のようにブランドもあり、人材もいて、お金が使える組織の営業マネジメントと、ベンチャー企業でこれから営業組織を立ち上げるのとでは、使えるスキルもノウハウも異なるためです。

事実、自分の過去の経験に当てはめて営業組織を育てようとしていたこの営業マネジャーは、「満足に広告・宣伝を打つことができない」「組織が小さすぎるのが問題だ」「新規事業だから5年後に採算が合えばいい」などと、営業成績が向上しない理由を古巣の大手企業と比較して、不足しているものを求めているだけのようでした。

彼には業界内での豊富な人脈があったようなのですが、人脈だけで継続性・再現性のある営業活動を行うことはできず、ましてや営業部隊を構築することはできません。そこに、同社の描いていたイメージとマネタイズするスピード感に相違があったのかと思います。

そこで、弊社が依頼を受けてからは、まずこの営業マネジャーに外れてもらい、ゼロから営業組織を立ち上げることにしました。それこそ経営者からエンジニアまで、すべての社員に対して会社の提供価値や商品の特性などについてヒアリングしていきました。

そこから営業戦略・戦術の立案を行い、具体的な行動へと落とし込んでいきました。その際、ターゲット想定した中での優先順位は「結果に対するインパクトが大きいかどうか」「リードタイムが早く、短期的にマネタイズができるか」の2つを基準に判断しています。

もともとベースとなる営業活動やその背景がなかったため、仮説の部分から作り込み、弊社の営業プレイヤーを使ってテストセールスを行いました。そのようにして、営業モデル・マネジメントモデルを作り、結果、安定的に成果をあげることができる営業組織を構築できています。

第6章

営業の現場が変わる！

サイエンス・マネジメントが会社の未来を拓く

1 「やるべき仕事」より「やらない仕事」を決める

最終章となる第6章では、全体の総括として、これまでに触れていない重要事項について紹介しておきましょう。

まずは、「やるべき仕事」と「やらない仕事」についてです。

よくある営業本やビジネス書の大半では、営業プレイヤーとして活躍するために、あるいは結果を出すために「何をするべきか」について述べられています。つまり、追加する〝行動やテクニック〟の提示です。

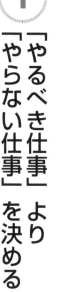

しかし、どれほど素晴らしい施策であったとしても、そのすべてを行うことはできないでしょう。現場の営業プレイヤーの使える時間があらかじめ決められており、またやらなければならない業務も定められているからです。

営業プレイヤーの稼働時間には限りがあります。その限りある稼働時間をどのように使うのかが重要であり、効果検証も不十分なまま、新しい施策を追加していくとすべてが中途半端になり、素晴らしい施策でも十分な効果は出ません。

そのような事態を避けるために、営業マネジャーとしては、営業プレイヤーを「やるべき仕事より、やらない仕事を決めること」に目を向けさせなければなりません。やるべき仕事・やらない仕事を明確にして、稼働時間を有効に使わせるのです。営業プレイヤーを迷わせないこと、集中させることも、成果を出すために重要なポイントとなります。


営業活動の基本に立ち返ってみるとわかるのですが、営業で結果を出している人は、やるべき仕事に集中し、やるべきでない仕事をしていません。その積み重ねが最終的な結果の違いとなって表れています。

「いろいろな施策を試してみたけど結果がついてこない」という人は、まずやるべきでない仕事をきちんと定義し、やるべき仕事に注力することからはじめてみるべきです。営業マネジャーは、そのようなマネジメントを徹底しなければなりません。

マネジメントの標準化も、突き詰めて考えれば全社的に「やらない仕事を決めること」に他なりません。それを個人で徹底できる人はトップセールスマンになれるのですが、そうでない人の場合、適切にマネジメントする必要があります。

「取捨選択」という言葉があるように、何かを捨てる勇気を持たなければ、何かを獲得することはできません。あれもこれもと欲張ったあげく時間だけが過ぎてしまい、何も得ることができていないのは典型的な過ちです。

マネジメントポイントを定め、見るべきポイントを精査することも「やらない仕事」の選定につながっています。そして、実際に選定してみるとわかりますが、組織には形骸化して、やらなくてもいい仕事は思いのほかたくさんあるのです。

営業マネジャーとしては、当初の目標である「100点の営業プレイヤーより80点の営業プレイヤーを育てる」という視点を忘れないようにしてください。100点を目指して何かをはじめるのではなく、80点の営業プレイヤーを育てるためにやるべきでない仕事を捨てるのです。

そして、やらないと決めた仕事に関しては、徹底的にやらなくていい環境を作ること。やらないことが習慣化すれば、自ずと営業プレイヤーたちはやるべき仕事にフォーカスできるようになります。結果がついてくるのはそれからです。

2 営業における誤解「営業は口先が上手いと良い」「いかに騙すか」「押しが強い」

営業現場においては、「営業プレイヤーは口先が上手くないと……」「騙してでも契約を取る」ということを聞くケースがありますが、これは大きな誤解です。顧客を騙す、曖昧にして煙に巻くことをしてはいけません。

安定した数値を出すためには、リピーター、アップセル、クロスセルが重要です。顧客の不審・不満・誤解を丹念に取り除き、納得して契約してもらうことが長期的な営業成果につながるのです。口が上手くなくても流暢に話せなくても構いません。真摯に顧客に向かい、誠実に話すことが重要なのです。

また、「押しが強い」ということにも誤解が多いようです。「背中を押して決断を促すこと」は必要ですが、それは「押し売り」とは違います。クロージングでは、しっかりとこれまで合意形成してきたことを振り返り、不審や不満や誤解などがあるなら取り除き、商品・サービスが顧客の潜在的・顕在的なニーズに対して価値があるのかをしっかりと説明するのです。

営業に魔法はありませんし、100%はありません。面談プロセスをしっかりとやっても売れないときもあります。そのときは「売れない案件」「売るべきでなかった案件」かもしれません。次の顧客、次の案件に進めばいいのです。

3 焦点を絞ったマネジメントを実施するために

本書で紹介しているマネジメントの標準化では、属人的な指導をなくし、誰もが実践できる統一的なマネジメントを目指しています。そのため、マネジメントの内容についても焦点を絞って行うことに主眼が置かれています。

例えば、「コール数」「アポ数」「アポ率」「面談数」「成約率」「成約数」「初回訪問からの成約までのリードタイム」など、定量的・定性的な情報をＳＦＡで管理することができます。

ただし、これらをエクセルなどで管理すると、見るべき情報の洪水が起きて何が問題かわからなくなってしまいます。これまでにも述べているように、管理する指標が多ければいいというわけではありません。管理するべき項目を絞り込み、SFAの機能をしっかりと使い、効率的な情報の管理と活用をすることが、より適切なマネジメントにつながります。

第2章で営業マネジャーの機能を次のように触れましたが、

・経営層のビジョン、目標、経営計画を具現化するために戦略を具体的な戦術に落とし込み、チームを目標に導く
・ディレクター機能：目標管理、プロセス進捗管理、PDCA推進、阻害要因の排除
・マーケッター機能：情報収集、戦略・戦術策定
・リーダー機能：先導する旗振り、モチベーション喚起
・トレーナー機能：ティーチング、コーチングを行い、部下を育成
・セールスマン機能：クロージングなどを含む現場における営業

これは、マネジメントの稼働をどの業務に使い、時間を割くのかという選択に他なりません。単なる数値管理に時間を割くのではなく、営業プレイヤーとの現場同行、ロールプレイングなどのコーチング、ティーチングや、案件進捗の確認、戦略や戦術の策定などに時間を割くことで、営業プレイヤーの行動を適正化します。

4 目標設定は「結果」だけでなく「プロセス」でも合意を形成する

合意形成という観点から考えると、最終的なゴール（目標）だけでなく、その過程（道のり・プロセス）の合意も形成していかなければなりません。プロセスに伴うやり方、プロセスごとの数など、道のりの約束をしていない目標設定では不十分です。

むしろ、プロセスを考慮に入れた約束をしていない目標管理は、営業マネジャーの仕事として無責任です。営業活動というのはプロセスの連続であり、その先に結果があるためです。そのプロセスを無視するのは怠慢と言われても仕方ありません。

プロセス目標の設定は、営業マネジャーとチームの双方で行います。

営業マネジャーは、個人のスキルや経験、顧客、エリアをもとに目標の割振りを行います。営業プレイヤーは、目標に対して定量的・定性的にプロセス目標を設定していきます。

プロセスに分解する際は、実績をもとにしたデータである各数値（アポ率、時間あたりの各種活動量、受注率など）を考慮して設定していきます。

ここで注意したいのは、単なる数値合わせや数字遊びにならないようにすることです。営業プレイヤーがプロセス目標設定したら、営業マネジャーは各数値が適切かどうか、時間ややり方は現実的かどうか、などを確認し、双方で目標に対する道のりを合意形成します。

このときも、第2章でも述べた「SMART」を意識するといいでしょう。

①Spcific（具体的である）
②Measurable（測定可能である）
③Achievable（達成可能である）
④Related（経営目標に関連している）もしくはReasonable（組織ミッションに沿っている）
⑤Time - bound（時間制約がある）

最終的に双方で定量的・定性的に合意形成したプロセス目標に対して実行しますが、目標達成しない場合でも、片方に責任を押し付けてはいけません。

何が問題だったのか？　戦略、戦術に問題があったのか？　各プロセスは設定した通りにできたのか？　できていない場合は、何が阻害要因だったのか？　など、目標達成できなかった真因をしっかりと話し合いましょう。

5 顧客も部下も対等な存在として認識する

接客業などにおいて、よく使われるものに「お客様は神様である」という言葉があります。その是非はともかく、顧客を神様に見立てることで、最大限のホスピタリティを発揮しようと鼓舞する標語となっています。

一方で、営業プレイヤーの活動に関して私が思うのは、常に顧客と営業プレイヤーとの関係性は〝対等〟であるべきということです。

対等な関係であることを認識していなければ、ただの御用聞きになってしまったり、ムダに媚びへつらったりすることになりかねません。

この場合の〝対等〟とは、顧客を軽視していいということではなく、あくまでも「顧客の問題を解決する対価としての報酬を得ている」という認識の上に成り立っています。言い方を変えれば、相互のＷｉｎ－Ｗｉｎが前提になっているということです。

こちらが価値を提供するからこそ、相手から対価をいただくことができる。そう考えれば、無意味に媚びへつらうのは間違っているとわかります。頭を下げて契約がとれればそれでいいと考える人もいるかもしれませんが、それでは継続性がありません。

また、営業プレイヤーのやる気の観点からも、そのようなやり方は再現性がないと言わざるを得ません。やはり、営業プレイヤーとして活動している人には「自分はどのような貢献ができているか」を意識させることが大切です。

イソップの寓話「三人のレンガ職人」にもあるように、自分の仕事がどのような貢献を果たしているのかを理解していなければ、自らの内側から生じるやる気を引き出すことにはなりません。そのためには、仕事の本質を理解させる必要があるのです。

また、顧客とだけでなく、営業マネジャーと営業プレイヤー関係も対等だと認識が必要です。役割が違うだけなのです。だからこそ、合意形成が重要になるのです。「いいからやれ」ではなく、丹念に合意形成を積み重ねていく説得をしていくことが、強いチームを作ることにつながります。

そもそも、リーダーシップやマネジメントは、顧客にも部下にも適用される概念です。営業プレイヤーが顧客を適切にリードすることによって成約に至るだけでなく、その後の満足につながります。

部下との関係も同じです。

Ｗｉｎ－Ｗｉｎという関係性をさらに突き詰めると「自分に利益があるだけでなく、相手にも利益がある状態」のことを指しているとわかります。相手に対する利益を考慮に入れているからこそ、こちらに対しても利益がもたらされるという関係です。

このようなお互いにプラスとなる状態を社内で作れれば、組織は自然と活性化していきます。当然、社員のやる気も高まっていくでしょう。そこまで考えてマネジメントすることが、優秀な営業マネジャーの仕事と言えます。

自分だけが得をする状況を作るのは簡単です。しかし、それだけに留まらず、周囲の人間にも同時に利益をもたらせてこそ、優れたリーダーです。

その前提となるのは、顧客も部下も対等な関係であるという発想なのです。

【イソップの寓話「三人のレンガ職人」】

あるとき、レンガ職人たちが働く場所へ旅人が通りかかった。旅人は三人の職人に対して「あなたはここで何をしているのですか?」と問うた。その問いに対し、三人の職人がそれぞれ「(ただ単に)レンガ積みをしている」「(何かの建物の)壁を作っている」「(未来にできる)大聖堂を作っている」と答える。仕事に対する理解や意識の違いが、取り組む姿勢にも反映されていることを如実に表している寓話。

6 営業マネジャーの口癖ひとつでチームは変わる

元メジャーリーガーの松井秀喜選手の座右の銘に、次のようなものがあります。

「心が変われば行動が変わる
行動が変われば習慣が変わる

習慣が変われば人格が変わる
人格が変われば運命が変わる」

これは、元々はアメリカの哲学者・心理学者のウィリアム・ジェームズの言葉で、ウィリアム・ジェームズは「アメリカ心理学の父」とも言われています。

心を変える〝きっかけ〟のひとつとして私が考えているのが、口癖です。

良いもの・悪いものを問わず、口癖が人の心を変え、果ては人間の運命すら変えてしまうのです。

私がコンサルティングを通して数多くの営業組織を見ていて気づくのが、営業マネジャーの口癖です。

実は、営業マネジャーの口癖は部下である営業プレイヤーたちに伝播します。

これは良いものでも、悪いものでも同じです。「口癖は移る」という言葉を聞いたことがあるかもしれませんが、マネジャーの口癖がチームや組織の運命を決めてしまうのです。

例えば、成果を出せていないチームを見た場合、営業マネジャーの口癖には「この目標は無理だ」「会社は無理ばかり言う」「うまくいかないのはしょうがない」「疲れた」「だるい」などのネガティブなものが多く、必然的にその部下の営業プレイヤーたちも似たような口癖を使い、チーム全体がネガティブなスタンスになってしまっているケースが多いです。

さらに、営業マネジャーが責任の所在ばかりを気にして、本当は実施すべきなのに動かないケースも同様で、部下たちも同じ傾向になってしまっていて活気もなく、チーム全体の目標達成意欲が低い状態になっていることが多いのです。

しかし反対に、成果を出しているチームでは、「できる」「やろう」「達成する」などのポジティブな発言を営業マネジャーがしているため、活気もあり、営業プレイヤーたちも目標達成に前向きな姿勢になっています。

口癖は若い人、特に新入社員に対して移りやすい傾向があります。

「たかが口癖」「単なる愚痴」と考えるかもしれませんが、営業マネジャーの言葉ひとつが、チーム全体の運命や、人間の人生を左右すると考えてみてください。

今からでも構いません。口癖をネガティブなものからポジティブなものに変えてみてください。たったそれだけのことで、少しずつですが、チームの雰囲気は変わっていきます。

7 理想のチームを作るために

営業活動は、個人プレーでありながらチームプレーでもあります。営業マネジャーが理想のチームを描けていないと、組織全体を好転させることはできません。

実は、理想のチームの前提となっているのも合意形成にあります。その都度、適切な合意形成を図っていくことによってチームはより一丸となり、結果に向けて邁進できるようになります。まさに、合意形成の連続が理想のチームを作るのです。

例えば「業務を効率化する」という目標があったとします。

このとき、営業マネジャーが「これから我々のチームでは、業務の効率化を目指す」と宣言し、周囲の人間が黙ってそれに従うだけだとしたらどうでしょうか。どう見ても、これは理想のチームではありません。合意形成もなければ、その前提となる話し合いの機会も用意されてないためです。チームのメンバーは「仕事だから」と仕方なく従わざるを得ない状況です。

理想のチームとは、すべてのメンバーが自分自身の行動を自ら最適化でき、結果につながるルーティンを組みつつ、成長していける組織です。加えて、すべての人員が自らのポテンシャルを最大限に発揮している状態が理想です。

その点、チームとしての役割分担はあっていいと思います。すべての人が、同じ分野、同じジャンルの強みを持っているとは限りません。むしろ、それぞれの強みと弱みを踏まえつつ、適切な役割分担をしていくことが望まれます。

自分の役割が明確になってこそ、取り組むべき仕事、やり方、やる量も定まってきます。その先に、納得感のある営業マネジャーと営業プレイヤーとの合意形成が、そしてチーム全体の合意形成があるのです。

さらに理想を追求すると、各営業プレイヤーのキャリア形成にも配慮したマネジメントができるとベストでしょう。すべての営業プレイヤーは、目の前の成果だけでなく、将来のキャリアも考えて成長していかなければなりません。

そのため、社員がどのようなキャリアを描いているのか上司が知らないと、ともに成長していくことはできません。自分のことばかり考えている上司が信用されないのと同様に、現状だけで営業プレイヤーを判断するのも適切とは言えません。

せめて、その営業プレイヤーがどのようなキャリア形成を実現したいのかを知り、その上でやるべきことに注力させてみてはいかがでしょうか。同時に、チームメンバーそれぞれのキャリアについても共有してみるといいでしょう。

会社全体で考えると、その企業の経営理念やビジョンと、働いている個人の理念やビジョンが一致していることは、双方にとって幸せな状態です。

営業チームに関しても同様で、営業マネジャーの方針を営業プレイヤーのキャリア意識に重ねられれば、良好な関係性を築けます。

最終的に必要なのは双方の合意となりますが、その過程で、より理想的なチームを作るための材料はたくさんあります。個々人が描いているキャリアもまた、合意形成を最適化するためのきっかけとなるはずです。

おわりに　これからの営業マネジャーのために

本書の最後に、これからの企業を担う営業プレイヤー・営業マネジャーに向けて、私の想いを伝えさせていただきます。

本書をお読みいただいた今、あなたにしてもらいたいのは行動です。行動にこそ、現状を変える力があります。

私はこれまで、営業コンサルティングという仕事を通して、数百社、数千人の営業マネジャー、営業プレイヤーに会ってきました。すべての面談を含めた延べ人数で言うと、数万人の営業関係者に会ってきた計算になります。

その過程で見てきたのは、あらゆる規模、あらゆる業種・業態の営業現場において、結果に偏重したマネジメントが行われているということです。結果を重視すること自体が悪いのではなく、問題は、結果をもとに間違ったマネジメントが行われていることです。

結果しか重視されないと、「結果を出す人は正しい」「結果を出す行動が正義」という思考に陥りかねません。そうなると「どのようにして全体の成果を高めていくか」「どうすれば営業組織を改善できるか」などの視点が失われてしまいます。

さらには、継続性・再現性のある営業マネジメントを追求する姿勢そのものが軽視されてしまうのです。それでは、会社全体としての成長は望めません。

自主性や個々人のスキルだけに任せていると、人に頼りきった組織運営しかできないのです。

しかも現場では、ポテンシャルのある営業プレイヤーに迷いが生じてしまっています。本書でくり返し述べてきたように、迷いは営業プレイヤーの大敵です。迷いがあることによって行動が止まり、結果が付いてこなくなるためです。

その迷いをなくすためには、標準化をしなければなりません。

標準化をしていても迷いが出ている営業プレイヤーもいます。その場合は、営業マネジャーが現場に立ち阻害要因を探してください。営業プレイヤーが自分で排除できる阻害要因であればいいのですが、そうでない場合も多く、営業マネジャーのサポートが不可欠です。むしろそれが、営業マネジャーにとっての最重要任務です。

私はこうした状況を少しでも是正するために本書を書きました。そして日々、さまざまな企業に対し、サイエンス・マネジメントを導入しています。サイエンス・マネジメントによって、企業はより望ましい成果を得られ、営業プレイヤーも営業マネジャーも幸せになります。サイエンス・マネジメントが浸透している企業では、結果が出ない言い訳を営業プレイヤーのせいにしなくて済みます。「営業プレイヤーがダメだから」「うちの社員はスキルが低いから」などと、嘆く必要はなくなるのです。

また現場の営業マネジャーとしても、「どうすればもっと結果を出せるのか？」「どうすれば営業プレイヤーの成績を上げられるのか？」などと、悩まなくなります。見るべきポイントが明確になり、やるべきことがわかるためです。

さらに営業プレイヤーは、日々の業務を通じて迷いがなくなるため、不満や不安にかられることなく行動できるようになります。やり方がわかれば行動できますし、結果が出てくれれば仕事は楽しくなります。まさに好循環です。

経営者にとっても、効果が出ない〝結果マネジメント〟から脱却できるようになるため、再現性のある経営が行えるようになるでしょう。サイエンス・マネジメントは、再現性のある（科学的な）マネジメントとイコールです。それが経営の安定化につながります。

本書で紹介してきたサイエンス・マネジメントの基本的な流れは、どの業種・業態・規模の会社でも変わりません。正しく実践していただければ、本書の内容が営業現場を大きく変えるきっかけになるはずです。

すべての営業マネジャーは、コントロールできないところに言い訳を見つけるのではなく、コントロールできる事柄に目を向けて、正しい改革を行ってください。そのためのヒントは本書に盛り込んでいます。

私には目標があります。それは、「サイエンス・マネジメントを通じて、一人でも多くの営業プレイヤー・営業マネジャーの迷いを取り除き、成果を出してもらうこと」です。

本書がそのためのきっかけになったとすれば、著者としてこれに勝る喜びはありません。

長瀬勝俊

長瀬勝俊（ながせ・かつとし）

株式会社ヴェリサイト 代表取締役
1972年 東京都港区出身。大手SI企業、通信事業者、大手食品会社など日本を代表する会社からベンチャー企業まで、数百社に対して既存営業組織の立て直しだけでなく、新商品・新サービスの営業モデル構築まで現場に入り込んだ実践的な営業コンサルティングを行う。これまで数万人の営業マネジャー、営業プレイヤーへの営業生産性向上に従事。著者の営業コンサルティングを導入した会社の中には、19年連続赤字だった創業100年以上の老舗企業が、導入半年で黒字化を達成し３期連続増収増益にした例や、収益化に苦労していた大手企業の新規事業部立ち上げに参画し、導入初年度で事業化・黒字化に導くなどの実績が多々ある。

サイエンス・マネジメント
〜最強「営業組織」をつくる〜

2020年4月24日　初版発行

著　者　長《なが》　瀬《せ》　勝《かつ》　俊《とし》
発行者　常　塚　嘉　明
発行所　株式会社　ぱる出版

〒160-0011　東京都新宿区若葉1-9-16
03(3353)2835—代表　03(3353)2826—FAX
03(3353)3679—編集
振替　東京 00100-3-131586
印刷・製本　中央精版印刷(株)

ISBN978-4-8272-1216-7 C0034